华南国际知识产权研究文丛

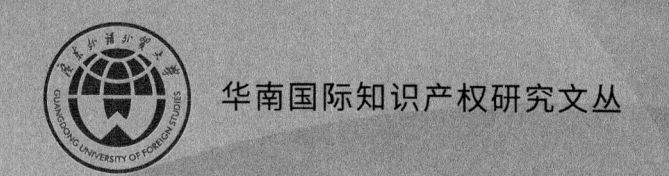

广东涉外知识产权年度报告（2020）

李晓宇　赵盛和　王太平　常廷彬／编著

知识产权出版社
全国百佳图书出版单位
—北京—

图书在版编目（CIP）数据

广东涉外知识产权年度报告. 2020/李晓宇等编著. —北京：知识产权出版社，2021.12
ISBN 978-7-5130-7828-3

Ⅰ.①广… Ⅱ.①李… Ⅲ.①涉外经济—知识产权—工作—研究报告—广东—2020 Ⅳ.①D927.650.34

中国版本图书馆 CIP 数据核字（2021）第 229112 号

内容提要

本书立足广东省涉外知识产权的司法和行政保护以及省内企业海外布局等情况，结合广东省知识产权保护司法审判特点和行政制度建设特色，为进一步完善我国的知识产权法律制度，提高行政机构的知识产权管理和服务能力，提升知识产权的司法和行政保护水平，增强企业在国内和国外两个市场进行知识产权创造、应用和防范，应对知识产权风险的能力提供理论支撑，进而为推动我国"一带一路"建设和企业"走出去"的实施提供参考和借鉴。

责任编辑：王玉茂	责任校对：谷　洋
封面设计：杨杨工作室·张冀	责任印制：孙婷婷

广东涉外知识产权年度报告（2020）

李晓宇　赵盛和　王太平　常廷彬　编著

出版发行： 知识产权出版社 有限责任公司	网　　址：http：//www.ipph.cn
社　　址：北京市海淀区气象路50号院	邮　　编：100081
责编电话：010-82000860 转 8541	责编邮箱：wangyumao@cnipr.com
发行电话：010-82000860 转 8101/8102	发行传真：010-82000893/82005070/82000270
印　　刷：北京九州迅驰传媒文化有限公司	经　　销：各大网上书店、新华书店及相关专业书店
开　　本：720mm×1000mm　1/16	印　　张：11.5
版　　次：2021年12月第1版	印　　次：2021年12月第1次印刷
字　　数：178千字	定　　价：60.00元
ISBN 978-7-5130-7828-3	

出版权专有　侵权必究

如有印装质量问题，本社负责调换。

华南国际知识产权研究文丛
总　序

　　党的十九大报告明确指出："创新是引领发展的第一动力，是建设现代化经济体系的战略支撑。"知识产权制度通过合理确定人们对于知识及其他信息的权利，调整人们在创造、运用知识和信息过程中产生的利益关系，激励创新，推动经济发展和社会进步。随着知识经济和经济全球化深入发展，知识产权日益成为推动世界各国发展的战略性资源，成为增强各国国际竞争力的核心要素，成为建设创新型国家的重要支撑和掌握发展主动权的关键。

　　广东外语外贸大学作为一所具有鲜明国际化特色的广东省属重点大学，是华南地区国际化人才培养和外国语言文化、对外经济贸易、国际战略研究的重要基地。为了更好地服务于创新驱动发展战略和"一带一路"倡议的实施及科技创新强省的建设，广东外语外贸大学和广东省知识产权局于2017年3月共同组建了省级科研机构——华南国际知识产权研究院。研究院本着"国际视野、服务实践"的理念，整合运用广东外语外贸大学在法学、经贸、外语等领域中的人才和资源，以全方位视角致力于涉外及涉港澳台地区知识产权领域重大理论和实践问题的综合研究，力争建设成为一个国际化、专业化和高水平的知识产权研究基地和国际知识产权智库。

　　为了增强研究能力，更好地服务于营造法治化、国际化营商环境和粤港澳大湾区的建设，我们决定组织编写"华南国际知识产权研究文丛"。该文丛以广东省以及粤港澳大湾区这一特定区域内的知识产权情况为研究对象，对区域内具有涉外涉港澳台因素的知识产权创造、保护和运营等情况进行深入研究，为提升广东、粤港澳大湾区乃至全国知识产权创造、保护和运用水平，促进社会经济文化的创新发展，提供智力支持。

该文丛是内容相对集中的开放式书库，包括但不限于以下三个系列。

《广东涉外知识产权年度报告》系列丛书。其以广东省涉外知识产权的司法和行政保护以及广东省企业在国外进行知识产权创造和运用等情况作为研究对象，立足广东，从国内和国际两个市场，从整体上研究我国知识产权的创造、保护和运用情况，为进一步完善我国的知识产权法律制度，提高行政机构的知识产权管理和服务能力，提升知识产权的司法和行政保护水平，增强企业在国内和国外两个市场进行知识产权创造、应用和防范、应对知识产权风险的能力，进而为推动我国"一带一路"倡议、"走出去"等国家政策的实施，提供智力支持。

《粤港澳大湾区知识产权研究报告》系列丛书。其以粤港澳大湾区内的香港、澳门、广州、深圳等 11 个城市的知识产权情况为研究对象，全面深入研究各地的知识产权制度以及知识产权创造、保护和运用等情况，力求推动大湾区内部的知识产权交流与合作，增强和提升大湾区知识产权创造、保护和运用的能力和水平。

《广东涉外知识产权诉讼典型案例解析》系列丛书。其以研究院每年评选出的"广东十大涉外知识产权诉讼典型案例"为研究对象，深入解读典型案例所确立的裁判规则，分析涉外知识产权司法保护中的经验和不足，以推动我国知识产权司法保护工作的发展，增强我国企业、个人防范和应对知识产权诉讼的能力。

我们期望并且相信，经过各方的共同努力，该文丛必将成为知识产权研究的特色、精品佳作，为知识产权创造、运用、保护、管理提供高质量的智力指导。

是为序。

石佑启

2019 年 7 月 10 日

前　言

《广东涉外知识产权年度报告（2020）》是广东涉外知识产权系列报告中的第四本，该年度报告在 2019 年年度报告基础上撰写而成，其主要内容包括三部分：

一是广东涉外知识产权司法保护情况。2020 年，广东省法院受理各类知识产权案件 196070 件，同比增长 24.6%；审结 193019 件，同比增长 26.1%。与此同时，2020 年广东全省法院受理涉外知识产权一审案件 1018 件，同比增长 48.2%；受理涉港澳台知识产权一审案件 902 件，同比增长 20.5%。涉及国际平行诉讼、禁诉令与反禁诉令、标准必要专利费率等具有国际影响力案件持续增多，广东作为知识产权争端解决"优选地"地位凸显。

二是广东涉外知识产权行政执法情况。2020 年，广东省知识产权行政保护成效显著，广东省委办公厅、省政府办公厅出台《关于强化知识产权保护的若干措施》，提出 24 条贯彻措施和 8 项重点任务。2020 年，国家知识产权局批复同意建设中国（广州）、中国（珠海）、中国（汕头）知识产权保护中心。广东企业海外知识产权保护服务网络首批战略合作单位共计 17 家机构，海外服务点覆盖 6 大洲、63 个国家和地区。

三是广东海外专利布局报告。2020 年，广东省专利授权总量 70.97 万件，比 2019 年增长 34.6%，居全国首位。其中，发明专利授权量 7.07 万件，增长 18.3%。2020 年 PCT 专利申请量 2.81 万件，居全国首位。截至 2020 年年底，全省有效发明专利量 35.05 万件，居全国首位。每万人口发明专利拥有量 28.04 件。

CONTENTS 目录

第一章 2020年广东涉外知识产权司法保护 / 1

一、引　言 / 1

二、2020年广东涉外知识产权司法审判的基本情况 / 1

（一）广东法院知识产权案件收结整体情况 / 1

（二）涉外、涉港澳台知识产权民事审判 / 2

（三）涉外、涉港澳台知识产权案件所涉国家、地区和企业 / 3

（四）涉外、涉港澳台知识产权纠纷案件行业、产品和地区分布 / 3

三、2020年广东涉外、涉港澳台知识产权司法保护的特色和亮点 / 4

（一）着力加强涉外案件审判工作，积极打造知识产权保护"优选地" / 4

（二）妥善处理国际平行诉讼，依法维护国家司法主权 / 5

（三）坚持平等保护的原则，依法平等保护中外权利人的合法权益 / 5

（四）不断强化知识产权司法保护力度，探求知识产权赔偿金额确定难题的破解之道 / 6

（五）完善技术事实查明机制，寻求知识产权专业化难题的化解之法 / 6

（六）积极开展矛盾化解工作，努力促进当事人从对抗走向合作 / 7

（七）不断加强司法交流与合作 / 7

四、2020年广东涉外知识产权司法保护典型案例及裁判规则 / 8

（一）涉外专利权纠纷典型案例及其确立的裁判规则 / 8

（二）商标权及不正当竞争纠纷裁判规则 / 17

（三）著作权纠纷的裁判规则 / 37

（四）涉外知识产权程序规则／49

五、2020年广东涉外知识产权纠纷案件的启示和建议／61

（一）始终坚持司法主权原则，进一步强化涉外知识产权审判的管辖权／61

（二）进一步完善诉讼制度，提升知识产权保护水平／62

（三）牢固树立自主创新的理念，不断增强创新的能力／63

（四）不断增强法律风险意识，避免有意和无意侵权／63

（五）积极应对知识产权侵权指控，采取各种积极措施化解知识产权诉讼风险／64

第二章　2020年广东涉外知识产权行政保护／66

一、引　言／66

二、2020年广东涉外知识产权行政保护制度建设／67

（一）全国性涉外知识产权行政保护制度建设／67

（二）广东省涉外知识产权行政保护制度建设／69

（三）广东省各地级市涉外知识产权行政保护制度建设／72

三、2020年广东涉外知识产权行政保护机制建设／76

（一）广东省涉外知识产权保护机构／76

（二）广东省海外知识产权保护工作平台／77

四、2020年全国及广东省涉外知识产权行政保护典型案例及裁判规则／78

（一）国家知识产权局发布第一批知识产权行政执法指导案例／78

（二）最高人民法院发布2020年度知识产权行政案件典型案件／81

（三）2020年度广东省知识产权行政保护典型案例／81

五、2020年广东涉外知识产权行政保护数据统计与情况分析／94

（一）国家级知识产权保护中心建设／94

（二）广东省稳步提升知识产权行政保护运用能力／95

（三）广东省检察机关加强知识产权行政保护工作情况／96

（四）广州市知识产权行政保护成效显著／97

（五）《珠海市知识产权司法与行政协同保护框架协议》签订 / 99

第三章　2020年广东省海外专利布局报告 / 101

一、引　　言 / 101

　　（一）报告背景 / 101

　　（二）数据样本介绍 / 102

二、2020年广东省海外专利布局总体分析 / 104

　　（一）海外专利年申请趋势分析 / 104

　　（二）海外专利法律状态 / 107

　　（三）海外专利类型分布 / 108

　　（四）目标市场 / 111

　　（五）目标市场趋势分析 / 112

　　（六）技术构成分析 / 114

　　（七）技术分支申请趋势 / 116

　　（八）重要技术分支地域分布 / 118

　　（九）重要技术分支主要申请人分布 / 120

　　（十）主要申请人分析 / 121

　　（十一）新进入者分析 / 124

三、2020年广东省海外专利重点产业布局分析 / 125

　　（一）半导体和集成电路产业 / 125

　　（二）人工智能产业 / 140

　　（三）生命健康产业 / 153

四、结　　语 / 169

后　　记 / 172

第一章 2020年广东涉外知识产权司法保护

一、引　言

2020年是全面建成小康社会和"十三五"规划收官之年。广东法院坚持以习近平新时代中国特色社会主义思想为指导，深入贯彻落实习近平法治思想，认真贯彻落实《最高人民法院关于全面加强知识产权司法保护的意见》，强化知识产权司法保护，推进审判体制机制改革创新，努力为贯彻新发展理念、构建新发展格局、推动高质量发展提供坚实的司法服务和保障。

二、2020年广东涉外知识产权司法审判的基本情况

（一）广东法院知识产权案件收结整体情况[1]

1. 知识产权案件整体收结情况

2020年，广东全省法院受理各类知识产权案件196070件，同比增长24.6%；审结193019件，同比增长26.1%。其中，受理民事案件194390件、刑事案件1663件、行政案件17件。受理一审案件177162件、二审案件17719件、申诉审查案件1135件、再审案件54件。

2. 知识产权民事案件收结情况

2020年，广东全省法院受理知识产权民事一审案件175795件，同比增长

---

[1] 相关数据参见《广东法院知识产权司法保护状况（2020年度）》（广东省高级人民法院2021年4月22日发布）。

35.2%；审结173594件，同比增长38.1%。案件数量再创历史新高，已超全国总量的1/3。其中，著作权案件146577件、商标案件12504件、专利案件11757件、反不正当竞争案件963件、其他案由案件3994件。全省法院克服新冠肺炎疫情的影响，深挖办案潜能、优化审判资源、加大调解力度、探索远程庭审，实现人均结案530.9件，同比增长33.7%；结案率为90.3%，同比增长1.9%；调撤率为61.1%，同比增长10%。

3. 知识产权刑事案件收结情况

2020年，广东全省法院受理知识产权刑事一审案件1352件，其中假冒注册商标犯罪案件631件，销售假冒注册商标的商品犯罪案件557件，非法制造、销售注册商标标识犯罪案件104件，侵犯著作权犯罪案件51件，侵犯商业秘密犯罪案件9件。审结1387件，给予刑事处罚2444人；判处有期徒刑3年以上304人，占比达12.4%。涉案领域包括烟酒、食品、玩具、日化用品、电子产品以及能源科技、网络通信、游戏动漫、影视作品等。

(二) 涉外、涉港澳台知识产权民事审判

1. 收结案均增速明显

随着广东知识产权保护力度加大、司法公信力增强，越来越多的境外知名企业选择到广东诉讼。2020年，广东全省法院受理涉外知识产权一审案件1018件，同比增长48.2%；受理涉港澳台知识产权一审案件902件，同比增长20.5%。涉及国际平行诉讼、禁诉令与反禁诉令、标准必要专利费率等具有国际影响力案件持续增多，广东作为知识产权争端解决"优选地"的地位凸显。

2. 专利纠纷案件所占比例较大

随着广东科技创新能力增强、专业化审判水平提升，全省法院受理专业技术性较强案件（专利、植物新品种、集成电路布图设计、技术秘密、计算机软件、垄断）12454件，同比增长86.1%。其中，专利案件增长最快。广州知识产权法院受理6889件，同比增长80.3%；深圳知识产权法庭受理4861件，同比增长99.7%。涉及战略性新兴产业的案件1300多件，覆盖了新一代信息技术、智能制造、生物医药、节能环保、新能源、新材料及互联网大数据等领域。

（三）涉外、涉港澳台知识产权案件所涉国家、地区和企业

知识产权的发展是促进科技进步与经济发展的核心，知识产权的保护力度与一个国家和地区的经济增长水平正相关。广东涉外知识产权民事案件的审理情况及其经济增长的速度印证了这一结论。从2020年审理的情况来看，广东法院审理涉外及涉港澳台知识产权案件的来源呈现出以下几个特点。

（1）原告主要集中在发达国家和地区。从广东法院2020年审结的涉外及涉港澳台民事一审、二审知识产权案件来看，在广东提起的涉外、涉港澳台知识产权民事诉讼中，美国、英国、法国、日本、韩国等经济发达国家的企业（或个人）数量最多。

（2）原告多为发达国家或地区的知名企业。如，法国的路易·威登·马利蒂（Louis Vuitton Malletier）、日本的卡西欧计算机株式会社和三菱电机株式会社等世界知名公司。

（3）大规模商业维权诉讼较多。日本的卡西欧计算机株式会社、三菱电机株式会社和韩国的株式会社纳益其尔等公司提起多起维权诉讼。

（4）多元化维权的现象明显，具体表现在两个方面：一是维权方式上，采取行政保护和司法救济的双重模式；二是从商标权、著作权等知识产权侵权和不正当竞争多角度寻求救济。

（四）涉外、涉港澳台知识产权纠纷案件行业、产品和地区分布

从近年来已经审结的一审、二审涉外及涉港澳台知识产权民事案件来看，广东涉外及涉港澳台知识产权诉讼所涉行业、产品和地区呈现以下特点。

（1）涉及的行业较多。专利权纠纷主要涉及灯饰、家用电器、厨房卫浴、五金电工等行业；著作权纠纷涉及玩具、计算机软件、影音娱乐等行业；商标权及不正当竞争纠纷涉及的行业则更为广泛。

（2）涉及的多数是国际上的名牌或奢侈品。例如，法国的香奈儿股份有限公司（CHANEL）、路易·威登·马利蒂旗下的名牌商品，往往是知识产权侵权和维权的重点。

（3）涉及的地域相对集中，而且往往涉及相应地区的特色产业。从被诉

侵权人的分布来看，不仅涉及珠三角等经济发达地区，还包括粤东的一些经济欠发达地区。纠纷所涉及的行业与当地经济发展水平有着密切的联系，珠三角地区涉及的行业往往是五金电工、灯饰、精密仪器、家用电器等科技含量较高的行业；而粤东地区则多是玩具、塑料模具等劳动密集型行业。此外，知识产权纠纷与当地特色产业关系密切。近年来，国外及港澳台地区的知识产权权利人将维权重点转移到中山市的灯饰、佛山的五金电工与瓷器、东莞的皮革箱包、深圳的电子产品等当地特色产业，且倾向于对当地企业提起大规模的知识产权民事诉讼。

三、2020年广东涉外、涉港澳台知识产权司法保护的特色和亮点

广东法院深刻认识国际竞争新变化，适应开放型发展战略的新需要，积极参与、推动乃至引领国际知识产权保护和规则的制定，依法维护知识产权领域国家安全，积极扩大知识产权司法保护际影响力。

（一）着力加强涉外案件审判工作，积极打造知识产权保护"优选地"

2020年，全省法院审结涉外、涉港澳台案件1926件。其中，深圳知识产权法庭共审结涉外案件845件、涉港澳台知识产权案件837件。

广东法院始终坚持平等保护理念，立足粤港澳大湾区建设，为境内外主体提供平等知识产权保护，充分保障外方当事人的合法权益。如意大利陆逊梯卡集团诉艾思默公司商标侵权纠纷案、日本旭化成株式会社诉旭冉公司专利侵权纠纷案等，广东法院依法支持原告全部诉讼请求。如审理被告人王某飞侵犯著作权罪案，广东法院详细查明王某飞侵犯美国希赛恩博公司著作权的行为，最终对其处以3年8个月有期徒刑并处41万元罚金。通过判决一批有国际影响力的案件，增进了境外当事人对我国知识产权司法保护状况和争端解决能力的信任。深圳法院先后审理芬兰超级细胞公司诉美国幻想传说公司、日本聚逸株式会社等一批当事人均在境外的案件，广东逐渐成为知识产权争端解决"优选地"。此外，广东法院还引入港籍陪审员参与涉港知识产权案件审理，加强同粤港澳调解联盟、知识产权仲裁中心等专业机构合作，展示出开放包容的态度与平等保护的决心。

（二）妥善处理国际平行诉讼，依法维护国家司法主权

强化标准必要专利的案件管辖，态度鲜明地捍卫司法主权和国家利益。在 OPPO 公司诉夏普株式会社等标准必要专利许可纠纷案中，深圳市中级人民法院依法作出全国首宗关于中国法院具有标准必要专利全球许可费率管辖权的裁定。

灵活运用行为保全制度破解域外法院的长臂管辖，依法维护当事人的合法权益。在 OPPO 公司诉夏普株式会社等标准必要专利许可纠纷案中，法院遵循国际礼让原则作出禁诉令，禁止被申请人在域外提起新的诉讼或禁令。在审理中兴通讯与卢森堡康文森无线许可公司标准必要专利许可纠纷案中，法院作出禁执令，并最终促成双方当事人达成一揽子和解。

（三）坚持平等保护的原则，依法平等保护中外权利人的合法权益

知识产权具有地域性特征，因此，在我国审理的涉外及涉港澳台知识产权民事诉讼中，绝大多数是外国企业、个人或者我国港澳台地区的企业、个人作为原告针对我国企业或个人提起侵权之诉。广东法院在审理涉外及涉港澳台知识产权案件时，始终坚持不偏不倚、平等保护的原则，依法维护各方当事人的合法权益。坚持平等保护的原则，不仅是我国吸引国外和港澳台地区资金和先进技术的现实需要，也是我国履行国际条约、树立良好国际形象的客观要求。在广东这一改革开放的前沿阵地上，广东法院始终坚持境内外市场主体权利平等、机会平等、规则平等的原则，积极打造市场化、法治化、国际化营商环境。

1. **对国外和港澳台地区的权利人的相应诉请依法予以支持，充分保护其依法享有的知识产权**

在英国太古公司诉船舶大厦公司侵害商标权及不正当竞争纠纷案中，法院认定被告侵犯注册商标权，依法保护外方当事人在中国境内实际使用企业字号的合法权益，坚定外商在中国投资的信心。在米其林公司诉嘉琪公司侵害商标权纠纷案中，法院认定被告重复侵害原告商标权，全额支持权利人赔偿诉请。在法国轩尼诗公司诉卡拉尔公司侵害著作权纠纷案中，法院深入阐释实用艺术品受著作权法保护要件，全额支持权利人赔偿诉请。在珍妮曲奇公司诉深圳珍妮公司不正当竞争纠纷案中,对经由多种渠道为内地广大消费者所知悉的香港地区"网红商品",法院认定其在中国内地具有一定知名度与影响力,从而及时制止攀附知名商业标识的不正当行为。

2. 合理界定国外及港澳台权利人享有的知识产权的权利界限,对未落入其知识产权保护范围内的诉请予以驳回,依法维护了国内企业、个人的合法权益

在索尔维公司诉中研公司侵害发明专利权纠纷诉讼中,深圳知识产权法庭认定被告中研公司生产聚醚醚酮产品及所使用技术方案与原告索尔维公司请求保护的涉案专利权利要求的技术特征既不相同也不等同,未落入索尔维公司涉案专利权利要求保护范围,判决驳回原告索尔维公司的诉讼请求。

(四) 不断强化知识产权司法保护力度,探求知识产权赔偿金额确定难题的破解之道

基于知识产权的无形性等特性,知识产权损害赔偿数额往往难以确定,在"赔偿难"成为知识产权诉讼中的世界性难题的背景下,我国司法实践也长期深受知识产权损害赔偿计算难、判赔数额低的困扰。为了进一步遏制恶意侵权,提高我国知识产权保护的国际形象,广东法院在侵权赔偿领域进行了大量有益的尝试,比如积极运用文书提出命令,责令侵权人提交会计账簿等经营信息;在对方拒不提交时,法院结合具体案情,根据诚实信用原则推定当事人的保守利润等。

(五) 完善技术事实查明机制,寻求知识产权专业化难题的化解之法

广州知识产权法院积极探索完善"技术调查官+技术顾问+技术咨询专家"多元化技术事实查明机制,制定技术调查官参与审理案件范围规定,明确技术调查官参与审判案件的范围主要是发明专利等技术类案件,同时建立技术调查官列席专业法官会议、审判委员会和技术调查官助理等制度。在中部埃科特克株式会社诉青岛康普天成环境科技有限公司、广东盈富农业有限公司侵害发明专利权纠纷案中,广州知识产权法院充分发挥技术调查官的职能,全面参与技术勘验和对比。最终原告明确接受被告的被诉侵权产品没有落入其专利权利保护范围的意见,自愿撤回起诉。

深圳知识产权法庭自 2020 年设立专职技术调查官以来，在发明、商业秘密等技术复杂案件的审理中，引入"技术调查官＋专家库＋知识产权局专利审查协作中心"提供技术专业支持，鼓励双方当事人提交"专家意见"，建立多元技术查明机制，快速解决技术争议焦点，摆脱了因司法鉴定周期长导致案件审理周期长的困境。在索尔维公司诉中研公司侵害发明专利权纠纷案中，被告为吉林省一家聚醚醚酮树脂合成能力超过千吨级的企业，在科创板上市过程中，同时因疫情导致前期诉讼进程延迟的情况下，深圳知识产权法庭凭借多元技术查明机制，提高知识产权审判效率，及时认定了被告生产制备聚醚醚酮的生产方式没有落入原告专利的保护范围，保障了我国高分子材料上游产业，充分证明了深圳知识产权法庭已成为知识产权诉讼"优选地"。

（六）积极开展矛盾化解工作，努力促进当事人从对抗走向合作

在运用裁判方式审判大量知识产权民事案件的同时，同样注重知识产权民事案件的和解、调解工作。坚持"能调则调，当判则判，调判结合，案结事了"的原则，将调解贯穿于案件审理的全过程，不仅可以实现案件的繁简分流，节省司法资源，还可以将矛盾化解在基层，促进当事人之间的合作，保证社会的稳定。例如，在审理高通股份有限公司（以下简称"高通公司"）诉苹果电脑贸易（上海）有限公司（以下简称"苹果上海公司"）、苹果电子产品商贸（北京）有限公司、苹果贸易（上海）有限公司、苹果电子产品商贸（北京）有限公司广州宏城广场分公司侵犯发明专利权纠纷系列案中，广州知识产权法院由通信领域纠纷特色审判团队组成合议庭进行审理，并安排技术调查官全程参与技术调查工作，双方当事人也申请了技术辅助人员参与诉讼。经过开庭审理，合议庭在事实基本清楚、技术问题清晰、法律关系明确的情况下积极组织双方调解，并得到双方当事人的积极配合，对促成高通公司与苹果上海公司达成全球性和解发挥了积极的作用，该案最终以高通公司撤回起诉结案。

（七）不断加强司法交流与合作

2020 年，广东省高级人民法院举办首届粤港澳大湾区司法案例研讨会，粤港澳三地法官、律师按照内地、香港、澳门诉讼程序就一起跨境纠纷模拟

审理和案例研讨。广东省高级人民法院接待美国专利商标局知识产权专员来访，深入交流知识产权司法保护经验举措。全省法院先后接待来访外宾和我国香港、澳门特区参访团等 100 多人（次），积极宣传我国知识产权保护的做法和成效。

四、2020 年广东涉外知识产权司法保护典型案例及裁判规则

（一）涉外专利权纠纷典型案例及其确立的裁判规则
1. 专利权保护范围及其解释规则

典型案例：上诉人广州市博朗实验室专业配件有限公司（以下简称"博朗公司"）与被上诉人福迈克斯股份公司（以下简称"福迈克斯公司"）侵害发明专利权纠纷案❶。

基本案情：2009 年 1 月 14 日，福迈克斯公司作为专利权人向国家知识产权局申请名称为"装置、通风臂、通风系统"的发明专利，并获得授权，授权公告日为 2011 年 7 月 27 日，专利号为 ZL200980000392.9，发明人为 L. 赫德隆、L. 卡兰德，该专利有效。2016 年，福迈克斯公司以博朗公司为被告提起侵害发明专利权纠纷诉讼，请求：①博朗公司立即停止侵犯福迈克斯公司专利 ZL200980000392.9 专利权的行为，包括停止生产、销售、许诺销售侵权产品；②博朗公司销毁制造侵权产品的专用设备、模具，销毁侵权产品的库存，回收并销毁涉及侵权产品的宣传册，停止对侵权产品的任何商业宣传行为；③博朗公司赔偿福迈克斯公司经济损失及为制止其侵权支出的合理费用共计人民币 100 万元；④博朗公司承担该案诉讼费用。福迈克斯公司在该案中主张以权利要求 1—5、权利要求 7—8，以及权利要求 14—19 的技术方案确定其专利权的保护范围。博朗公司则主张其使用的被诉侵权产品技术方案没有落入涉案专利权保护范围，此外，博朗公司还提出现有技术抗辩。

法院裁判：广州知识产权法院经审理后判决：①博朗公司于判决发生法

---
❶ 参见广州知识产权法院（2016）粤 73 民初 779 号、广东省高级人民法院（2018）粤民终 961 号民事判决书。

律效力之日起停止生产、销售、许诺销售侵害福迈克斯公司专利号为ZL200980000392.9、名称为"装置、通风臂、通风系统"的发明专利权的产品，销毁库存侵权产品和生产专用设备、模具，回收并销毁涉及侵权产品的宣传册，停止对侵权产品的任何商业宣传行为；②博朗公司于判决发生法律效力之日起10日内赔偿福迈克斯公司经济损失及维权合理开支共计人民币55万元。博朗公司提起上诉后，广东省高级人民法院依法驳回其上诉，维持原审判决。

关于专利权保护范围及其解释。广州知识产权法院认为，《专利法》第五十九条第一款规定，发明专利权的保护范围以其权利要求的内容为准，说明书及其附图可以用于解释权利要求的内容。《最高人民法院关于审理侵犯专利权纠纷案件应用法律若干问题的解释》第二条规定，人民法院应当根据权利要求的记载，结合本领域普通技术人员阅读说明书及附图后对权利要求的理解，确定《专利法》第五十九条第一款规定的权利要求的内容。解释第三条第一款规定，人民法院对于权利要求，可以运用说明书及附图、权利要求书中的相关权利要求、专利审查档案进行解释。说明书对权利要求用语有特别界定的，从其特别界定。解释第四条规定，对于权利要求中以功能或者效果表述的技术特征，人民法院应当结合说明书和附图描述的该功能或者效果的具体实施方式及其等同的实施方式，确定该技术特征的内容。解释第五条规定，对于仅在说明书或者附图中描述而在权利要求中未记载的技术方案，权利人在侵犯专利权纠纷案件中将其纳入专利权保护范围的，人民法院不予支持。可见，对于权利要求与说明书及附图的关系：①发明专利权的保护范围以权利要求的记载为准，说明书及附图可以用于解释权利要求的内容。②说明书对权利要求用语有特别界定的，从其特别界定，但权利要求中未记载而仅在说明书或者附图中描述的技术方案，不构成专利权的保护范围。以上两点表明，说明书的描述（主要是说明书中的实施例及其附图）不能形成该发明专利新的技术方案，或对权利要求记载的技术方案形成限定而实际上构成新的技术方案。说明书对权利要求用语的特别界定应当不涉及权利要求所记载的技术方案。③对以功能或者效果表述的技术特征的解释，可以通过说明书及附图描述的该功能或者效果的具体实施方式及其等同的实施方式来确定该功能性技术特征的内容。

关于权利要求1的"从而两个元件（7，8）能够以伸缩的方式相对于彼此移动"技术特征是否为功能性限定，是否应当将说明书披露的具体实施方式作为该特征的具体内容。广东省高级人民法院认为，《最高人民法院关于审理侵犯专利权纠纷案件应用法律若干问题的解释（二）》第八条第一款规定："功能性特征，是指对于结构、组分、步骤、条件或其之间的关系等，通过其在发明创造中所起的功能或者效果进行限定的技术特征，但本领域普通技术人员仅通过阅读权利要求即可直接、明确地确定实现上述功能或者效果的具体实施方式的除外"。涉案专利权利要求1前序部分限定了第一子元件（7）和第二子元件（8）"以伸缩方式相对彼此移动"的功能和效果，而权利要求1特征部分的技术特征，则是限定了实现前述功能和效果的结构。将特征部分限定的结构和前序部分限定的功能结合起来理解，能够清晰确定特征部分限定的结构的具体内容。在此种情形下，前序部分限定的功能并不属于前述司法解释（二）规定的功能性技术特征。对于博朗公司的该项主张，法院予以采纳。

2. 制造者的认定规则

典型案例：卡西欧计算机株式会社（以下简称"卡西欧株式会社"）诉广州市朗时钟表有限公司（以下简称"朗时公司"）等侵害外观设计专利权纠纷案[1]。

基本案情：卡西欧株式会社于2013年3月29日申请了名称为"表壳"的外观设计专利并获得授权，专利号为ZL20133008×××.0，授权公告日为2013年8月14日，该专利为有效。2017年，卡西欧株式会社以各被告侵犯其涉案专利权为由，向一审法院提起诉讼，请求判令朗时公司等人承担停止侵权责任，并共同赔偿卡西欧株式会社经济损失共计45万元。一审法院认定朗时公

---

[1] 参见广州知识产权法院（2017）粤73民初3852号、广东省高级人民法院（2019）粤民终2710号民事判决书。

司制造、销售、许诺销售被诉侵权产品的行为构成侵权，依法判令其承担相应的法律责任。朗时公司不服一审判决提起上诉后，二审法院依法驳回其上诉，维持一审判决。

法院裁判：对于朗时公司提出的其并非被诉侵权产品的制造者的主张，广州知识产权法院依据《专利法》第十一条第二款规定："外观设计专利权被授予后，任何单位或者个人未经权利人许可，都不得实施其权利，即不得为生产经营目的制造、许诺销售、销售、进口其外观设计专利产品"。该条款所规定的制造，是指复制、仿造出与外观设计专利相同或者近似的工业产品的行为。该行为的本质特征是变无为有，即行为主体使用工业原料，通过技术手段制造出并不存在的产品的行为。该案中，被诉侵权产品手表的表盘内印有朗时公司声称得到授权的商标"SANDA"字样。据此可知，该被诉侵权产品手表要么是朗时公司自己制造，要么是朗时公司委托他人制造，除了这两种情形，他人不可能会将上述商标"SANDA"印制其中；若朗时公司委托他人制造，由于被诉侵权产品手表的表盘内印有上述商标，属于指定了相关技术方案，也构成专利法意义上的制造行为。此外，从公证书所附的网店网页截图可见，朗时公司在阿里巴巴网站上对外宣称其是真正厂家货源、一手货源、厂家直销，承接OEM、ODM、OBM，且显示工厂的照片，也印证了朗时公司存在制造行为。而朗时公司抗辩被诉侵权产品来源于陈某坤，具有合法来源的主张，由于其仅提供了陈某坤的名片和一张没有盖章的送货单，送货单上的日期在卡西欧株式会社公证购买该案被诉侵权产品之后，送货单上既无该案被诉侵权产品的型号，也没有其他相关交易证据佐证，故无法证明其合法来源抗辩成立。综上，一审法院认定朗时公司为被诉侵权产品的制造者。

从该案事实来看，彭某彬作为个人，其并不具有生产加工电子产品的能力。彭某彬不确认其与朗时公司之间有授权使用商标的授权关系，即使彭某彬有授权朗时公司使用上述商标，但由于彭某彬实施的行为并非使用工业原料，通过技术手段实现被诉侵权产品从无到有的过程，也没有为制造者提供技术方案，因此彭某彬的行为不属于专利法意义上的制造行为。此外，卡西欧株式会社也没有其他证据能表明彭某彬实际参与制造被诉侵权产品，故卡西欧株式会社认为彭某彬制造了被诉侵权产品的主张不能成立,一审法院对卡西欧株式会社针对彭某彬的诉讼请求不予支持。卡西欧株式会社以《最高人民法院关于产品侵权案件的受害人能否以产品的商标所有人为被告提起民事诉讼的批复》的规定,主张彭某彬为被诉侵权产品的制造者,混淆了专利法上的制造行为与产品质量民事责任上的制造者的界限,系对上述批复的误读。

典型案例:原告喜得灯饰设计股份有限公司(以下简称"喜得公司")与被告中山市横栏镇勃朗灯饰厂(以下简称"勃朗厂")、深圳市奥美嘉照明有限公司(以下简称"奥美嘉公司")、中山市米居照明有限公司(以下简称"米居公司")侵害外观设计专利权纠纷案❶。

基本案情:喜得公司于1991年创立于中国台湾,其产品销售于中国大陆、美国等多个国家和地区,已推出超过130种灯款,并自2011年起在淘某网等平台进行营销。喜得公司为涉案专利(专利号为ZL201530365191.7)的专利权人,该专利申请于2015年9月21日,并于2016年2月17日获得授权,至今仍在保护期内。喜得公司发现有模仿其专利的壁灯产品于市场销售,故以勃朗厂等为被告提起诉讼,请求:①判令勃朗厂、米居公司立即停止制造、销售、许诺销售侵犯喜得公司ZL201530365191.7外观设计专利权的产品,并销毁库存侵权产品;②判令奥美嘉公司立即停止销售侵犯喜得公司ZL201530365191.7外观设计专利权的产品,并销毁库存侵权产品;③判令米居公司立即向CCC认证机构撤销认证申请,并消除影响;④判令勃朗厂、奥美嘉公司、米居公司赔偿喜得公司含合理支出在内的经济损失60万元;⑤该案诉讼费用由勃朗厂、奥美嘉公司、米居公司承担。勃朗厂、奥美嘉公司未到庭参加诉讼,亦未作答辩。米居公司答辩称:①米居公司已就涉案专利提出无效宣告请求,涉案专利不稳定;②被诉侵权产品使用的是现有设计,米居公司不构成侵权;③被诉侵权产品并未落入涉案专利的保护范围。

法院裁判:关于勃朗厂、米居公司的被诉侵权行为是否成立,广州知识

---

❶ 参见广州知识产权法院(2019)粤73民初538号民事判决书。

产权法院认为：首先，被诉侵权产品外包装盒及产品实物上均显示有米居公司名称，被诉侵权产品销售网页上使用的产品 CCC 认证证书显示申请人为米居公司，制造商及生产厂则为勃朗厂，产品名称亦与被诉侵权产品所贴标签显示的产品名称相对应。故一般消费者通过以上信息足以识别该产品的制造者为勃朗厂、米居公司。其次，米居公司、勃朗厂的经营范围均包括照明灯具的生产与销售，即二者均具备制造被诉侵权产品的能力和资质。再次，米居公司确认其为上述产品 CCC 认证证书的申请人，并主张勃朗厂为被诉侵权产品的生产商，但勃朗厂经合法传唤未到庭参与诉讼，亦应视为其放弃质证的权利。故上述证据相互印证，足以认定勃朗厂、米居公司共同实施了制造被诉侵权产品的行为。至于销售及许诺销售行为，勃朗厂、米居公司制造的被诉侵权产品已在市场流通，故法院认定其二者还实施有销售被诉侵权产品的行为，但喜得公司并未提交证据证实勃朗厂、米居公司实施了被诉许诺销售行为，故法院对此不予支持。故此，勃朗厂、米居公司未经专利权人许可共同实施了制造、销售落入该案专利权保护范围的产品的行为，构成共同侵权。

3. 损害赔偿数额的确定

典型案例：卡西欧计算机株式会社（以下简称"卡西欧株式会社"）诉广州市时刻美表业有限公司（以下简称"时刻美公司"）等侵害外观设计专利权纠纷案❶。

基本案情：2014 年 11 月 21 日，卡西欧株式会社向国家知识产权局提出名称为"手表"的外观设计专利申请，并于 2015 年 5 月 27 日获得授权，专利号为 ZL201430463206.9，专利权人为卡西欧株式会社。2016 年 6 月 30 日，卡西欧株式会社曾以时刻美公司生产的 5 款手表涉嫌侵犯其 5 项外观设计专利（ZL201030523726.6、ZL201230628727.6、ZL201030604363.9、ZL201430020232.4、ZL201330089859.0）为由，向广州市知识产权局提出行政查处的请求。广州市

---

❶ 参见广东省深圳市中级人民法院（2018）粤 03 民初 1461 号、广东省高级人民法院（2019）粤民终 3211 号民事判决书。

知识产权局于2016年7月对时刻美公司工厂进行勘验并查获相关涉嫌侵权产品。2016年10月9日，卡西欧株式会社与时刻美公司签订一份民事赔偿协议。在该协议中，时刻美公司作出如下承诺：尊重卡西欧株式会社知识产权在内的合法权益，承诺立即停止侵犯卡西欧株式会社知识产权的行为，自签订协议之日起不再生产、销售、许诺销售涉嫌侵犯卡西欧株式会社上述专利的产品，销毁所有库存侵权产品的成品、半成品、配件、模具，销毁所有带有涉嫌侵权产品图片的产品宣传资料，删除所有载有涉嫌侵权产品图片的网页；自签订协议之日起，不再生产、销售协议附件中与卡西欧株式会社外观设计相同或近似的手表；同意一次性赔偿卡西欧株式会社25万元。时刻美公司认识到不再侵犯卡西欧株式会社的知识产权为协议持续生效以及卡西欧株式会社不再追究时刻美公司更多赔偿责任的首要条件，故再次慎重承诺不再有侵犯卡西欧株式会社知识产权的任何行为，并承诺如果再次故意侵犯卡西欧株式会社上述知识产权（含附件款式），经卡西欧株式会社主动提醒后仍然继续侵犯卡西欧株式会社其他知识产权的，愿意每项知识产权至少赔偿卡西欧株式会社50万元。如卡西欧株式会社的损失大于此赔偿金额的，卡西欧株式会社有权另行追究。该协议附件中与时刻美公司有关的手表款式共计16款，第16款的型号为SKMEI1155。

2018年，卡西欧株式会社以时刻美公司等为被告提起诉讼，请求判令：①时刻美公司等立即停止生产、销售、许诺销售侵犯卡西欧株式会社专利号为ZL201430463206.9、名称为"手表"的外观设计专利权的行为，销毁库存侵权产品及制造侵权产品的模具，删除销售侵权产品的相关网络链接；②时刻美公司等连带赔偿卡西欧株式会社经济损失及制止侵权的合理费用共计438万元，博之轮公司对其中的30万元承担连带赔偿责任；③时刻美公司等在《中国知识产权报》上刊登消除影响的声明，时间不少于30日；④时刻美公司等共同承担该案诉讼费用。一审法院判决时刻美公司等停止侵权，并赔偿卡西欧株式会社经济损失及合理维权费用共计438万元。时刻美公司等不服，向广东省高级人民法院提起上诉。

法院裁判：广东省高级人民法院认为，一审法院未谨慎分析评价卡西欧株式会社的计算依据和过程，直接采信了卡西欧株式会社主张的84248767.4元销售总额后，按照9.65%的利润率计算获利813万余元。一审法院基于错误数据和计算方式作出的认定，二审法院予以纠正。同时，一审法院全额支持卡西欧株式会社的赔偿诉请时，虽然也考虑了"涉案专利的技术贡献率"因素，但从判决书论述情况来看，一审法院仅考虑了外观设计对于电子手表价值的影响，而未注意到该案还存在一个重要事实，即被诉侵权产品均为"时刻美"品牌商品。通常来讲，消费者在选择电子手表时，既容易关注到产品的外观，也会对品牌予以较大关注，外观设计和品牌都会对产品的价值产生重要影响。换言之，一审法院确定赔偿数额时，对于贡献率的考虑不够周全，未合理排除时刻美公司自有品牌对其销售获利的贡献。

关于如何确定该案的赔偿数额问题。《最高人民法院关于审理侵犯专利权纠纷案件应用法律若干问题的解释（二）》第二十八条规定，权利人、侵权人依法约定专利侵权的赔偿数额或者赔偿计算方法，并在专利侵权诉讼中主张依据该约定确定赔偿数额的，人民法院应予支持。根据该条规定，约定赔偿可以作为确定赔偿数额的一种方式。约定赔偿的实质是当事人双方就未来或已经发生的侵权赔偿达成的一种简便的确定方式，是当事人意思自治的体现。由于约定赔偿的当事人双方之间不存在基础交易合同关系，不会因一方当事人的违约行为同时侵害对方权益而产生侵权责任，因此，约定赔偿在性质上不属于侵权责任与违约责任的竞合。但是，根据该条规定，当事人应当"依法约定"。该条仍涉及合同法的适用，当事人间的赔偿约定应符合合同法有关效力问题的规定，否则不属于该条所称的"依法约定"。一旦上述约定符合合同法等法律的规定，就成为当事人确定赔偿数额的依据。当事人不得以约定数额比实际损失或获利过高或过低为由主张约定无效。约定是平等市场主体自愿达成的合意，对于双方当事人而言，依据该约定确定赔偿数额的主张机会应当是均等的，即如果侵权人主张依据约定确定赔偿数额，权利人同理不能以约定数额明显低于侵权人获利为由主张不依约定确定赔偿数额，除非权利人证明该约定不符合法律规定。

具体到该案，卡西欧株式会社与时刻美公司于2016年10月9日签订一份民事赔偿协议。该协议约定，卡西欧株式会社（甲方）于2016年6月30日就时刻美公司（乙方）生产的0939、1063、1053、1020、1017等5款手表涉嫌侵犯其手表的外观设计专利向广州市知识产权局提交了专利侵权纠纷请求……时刻美公司意识到自己的行为侵犯了卡西欧株式会社的知识产权……第三条"再次侵权的赔偿义务"约定，时刻美公司再次慎重承诺不再有侵犯卡西欧株式会社知识产权的任何行为，并承诺如果再次故意侵犯卡西欧株式会社上述知识产权（含附件款式），经卡西欧株式会社主动提醒后仍然继续侵犯卡西欧株式会社其他知识产权的，愿意每项知识产权至少赔偿卡西欧株式会社50万元；如卡西欧株式会社的损失大于此赔偿金额的，卡西欧株式会社有权另行追究。双方确认，该赔偿金额是在估计了卡西欧株式会社的品牌价值、时刻美公司多次侵权行为的持续性及恶劣性（包括但不限于本次侵权不足以赔偿卡西欧株式会社的部分），以及卡西欧株式会社为制止时刻美公司侵权行为所付出的各种努力及成本等多种因素的合理计算及考量，卡西欧株式会社不需要再另行举证。该协议附件包括该案被诉侵权手表款式。时刻美公司主张适用前述民事赔偿协议的约定确定该案赔偿数额。法院认为，前述民事赔偿协议是卡西欧株式会社与时刻美公司自愿达成的合意，符合法律规定，可作为该案确定时刻美公司侵权赔偿数额的依据，时刻美公司关于适用该协议确定赔偿数额的上诉主张于法有据，应予支持。

时刻美公司在该案中实施了被诉侵权产品的制造、销售、许诺销售行为。根据协议约定，时刻美公司侵害卡西欧株式会社涉案专利权，应至少赔偿卡西欧株式会社50万元。协议还约定"如卡西欧株式会社的损失大于此赔偿金额的，卡西欧株式会社有权另行追究"，卡西欧株式会社是否可以据此获得超过50万元的赔偿，对此法院认为：首先，协议约定的成就条件是卡西欧株式会社的"损失"大于50万元，而该案卡西欧株式会社的主张和全部举证均是侵权人的获利数额，缺乏关于卡西欧株式会社本身"损失"的主张和直接证据，而且，侵权获利与权利人的损失之间关系如何，如何进行转换认定，卡西欧株式会社均未提供证据证明或作出合理的阐述。其次，卡西欧株式会社主张的侵权获利数额也明显缺乏事实依据，法院在前已详细评述，无法据此直接推定卡西欧株式会社的损失大于 50 万元。综上，协议约定"另行追究"的条件不成就，卡西欧株式会社不能根据协议获得超过 50 万元的赔偿。法院依据协议约定，确定时刻美公司应承担 50 万元的赔偿责任。与此同时，时刻美公司作为被诉侵权产品的生产厂家，系侵权行为源头，卡西欧株式会社基于共同侵权事由，主张欣时公司、博之轮公司承担连带赔偿责任。法院在认定共同侵权成立的情况下，认定欣时公司、博之轮公司应对时刻美公司 50 万元的赔偿承担连带责任。卡西欧株式会社在该案中仅主张博之轮公司对侵权债务中的 30 万元承担连带责任，属于卡西欧株式会社对自身权利的处分，法院予以准许。

（二）商标权及不正当竞争纠纷裁判规则

1. 合法来源抗辩的判断

典型案例：本田技研工业株式会社（以下简称"本田株式会社"）与佛山市南海理力机械有限公司（以下简称"理力公司"）、广州市泽藤机械设备有限公司（以下简称"泽藤公司"）侵害商标权及不正当竞争纠纷案❶。

基本案情：本田株式会社是 1948 年 9 月 24 日在日本登记成立的企业，主要从事汽车、船舶、发动机、农业机械、发电机等运输及机械设备的制造、销售、维修等业务。1993 年 1 月 12 日，本田株式会社在重庆设立嘉陵－本田发动机有限公司，该公司主要从事生产、销售通用汽油发动机、天然气内燃机、农业机械等业务，并提供本田（HONDA）品牌通用产品（通用发动机、发电机及发电机组、园艺机具等）及其零部件的售后服务。2004 年 1 月 8 日，本田株式会社在北京也独资成立了本田技研工业（中国）投资有限公司，主要经营各种类型的汽车、通用发动机以及相关零部件等业务。

本田株式会社向一审法院起诉请求判令：（1）理力公司立即停止使用与本田株式会社"GX160"汽油机近似的产品外观装潢的行为；（2）理力公司立即停止在其生产的汽油机产品及其广告中使用"HONDA""GX160"标记

---

❶ 参见广东省广州市越秀区人民法院（2015）穗越法知民初字第 81 号、广州知识产权法院（2019）粤 73 民终 5651 号民事判决书。

的行为；（3）理力公司立即停止销售上述侵权产品；（4）泽藤公司立即停止销售涉案侵犯本田株式会社带有"理力"标识的"GX"汽油机产品和假冒本田株式会社注册商标"HONDA"的水泵及发电机组产品；（5）理力公司、泽藤公司共同向本田株式会社赔偿经济损失人民币200万元（包括本田株式会社为调查和制止侵权行为所支付的合理费用）；（6）理力公司在《佛山日报》登载道歉声明（除中缝以外的其他位置，不少于1/8版面），以消除影响；（7）该案诉讼费用由理力公司、泽藤公司承担。

法院裁判：广州知识产权法院认为，《商标法》第六十四条第二款规定，销售不知道是侵犯注册商标专用权的商品，能证明该商品是自己合法取得并说明提供者的，不承担赔偿责任。该案中，虽然理力公司、泽藤公司出示发票主张其在被诉行为发生1～2年前曾向森南农机中心等主体购入"HONDA GX160"汽油机、"HONDA WB20XH"水泵，但是被诉侵权的"HONDA GX160"汽油机、"HONDA WB20XH"水泵的化油器部件的供应商标识无法对应本田株式会社正品的供应商标识"KEIHIN"，反而与理力公司自己生产的"GX160 LILI理力"汽油机上化油器标注的"huayi"对应，另结合嘉陵-本田发动机有限公司、共立机械公司、森南农机公司证人的证言，以及嘉陵-本田发动机有限公司的情况说明等证据，法院认为理力公司、泽藤公司出示的进货发票与被诉侵权产品不能形成对应关系，不足以证明被诉侵权的"HONDA GX160"汽油机、"HONDA WB20XH"水泵在客观上具有合法来源。并且，理力公司、泽藤公司作为曾经购买本田株式会社正品的销售商，应有足够的分辨判断能力，能够区分被诉侵权产品是否属于本田株式会社的正品，即使退一步而言，理力公司、泽藤公司存在客观的进货事实，主观上仍然存在未尽注意义务的过错。同理，对于理力公司、泽藤公司出示的森南农机中心的授权书，由于被诉侵权产品不能证明来自于森南农机中心，且森南农机中心仅作为代理商，所称授权时间也晚于被诉行为发生时间，因此也不能作为证明理力公司、泽藤公司没有过错以及合法来源抗辩成立的依据。综上，理力公司、泽藤公司据此主张的合法来源抗辩不能成立，法院不予采纳。

至于理力公司、泽藤公司以EC2500C汽油发电机的行政处罚及后续行政判决的认定来主张该案合法来源抗辩成立的理由。法院认为，关于合法来源抗辩在民事诉讼和行政处罚中的证明标准是否一致的问题。第一，关于民事诉讼中合法来源抗辩的举证责任及证明标准，《最高人民法院关于适用〈中华人民共和国民事诉讼法〉的解释》第九十一条规定："人民法院应当依照下列原则确定举证证明责任的承担，但法律另有规定的除外：（一）主张法律关系存在的当事人，应当对产生该法律关系的基本事实承担举证证明责任；（二）主张法律关系变更、消灭或者权利受到妨害的当事人，应当对该法律关系变更、消灭或者权利受到妨害的基本事实承担举证证明责任"。根据以上法律要件分类确立的举证责任分配理论，由于合法来源抗辩成立将阻却知识产权人的损害赔偿请求权，属于权利妨碍规范，在民事诉讼中应当由主张存在权利妨碍的侵权人承担举证责任，证明标准应当达到《最高人民法院关于适用〈中华人民共和国民事诉讼法〉的解释》第一百零八条规定的高度可能性标准。以上内容在《最高人民法院关于知识产权民事诉讼证据的若干规定》第四条中进一步予以明确：被告依法主张合法来源抗辩的，应当举证证明合法取得被诉侵权产品、复制品的事实，包括合法的购货渠道、合理的价格和直接的供货方等。被告提供的被诉侵权产品、复制品来源证据与其合理注意义务程度相当的，可以认定其完成前款所称举证，并推定其不知道被诉侵权产品、复制品侵害知识产权。被告的经营规模、专业程度、市场交易习惯等，可以作为确定其合理注意义务的证据。第二，关于商标侵权所涉行政处罚中合法来源抗辩的举证和证明标准问题，《商标法》第六十条第二款规定，工商行政管理部门处理时，认定侵权行为成立的，责令立即停止侵权行为，没收、销毁侵权商品和主要用于制造侵权商品、伪造注册商标标识的工具，以及可以处罚款；销售不知道是侵犯注册商标专用权的商品，能证明该商品是自己合法取得并说明提供者的，由工商行政管理部门责令停止销售。因此，行政处罚中所涉合法来源抗辩主要影响的是侵权行为成立后行政机关应否处罚款的问题，应由行政处罚的当事人举证证明；并且，虽然行政处罚属于公权力的行使，证明标准要进行个人利益与社会公共利益的衡量，但合法来源抗辩成立与否不涉及如拘留、吊销许可证或执照等对当事人的人身自由、行为能力产生重大影响的行政处罚种类,因此其证明标准参照民事诉讼的证明标准是较为可行的。

典型案例: 陆逊梯卡集团股份有限公司(以下简称"陆逊梯卡集团")诉深圳市艾思默贸易有限公司(以下简称"艾思默公司")侵害商标权纠纷案。[1]

基本案情: 陆逊梯卡集团是世界著名的眼镜设计、制造和经销商,旗下"Ray.Ban"(中文名:雷朋)是全球知名的眼镜品牌,在中国持有第5212742号"Ray.Ban"、第20929421号"RAY BAN"、第21733158号"RAY BAN GENUI ESINC 1937"、第1048316号"RAY BAN GENUI ESINC 1937"商标。2016年底,陆逊梯卡集团发现其授权经销商艾思默公司在经销期间的销售记录与进货记录存在严重不符,还向阿里巴巴知识产权保护平台上传虚假授权书,故诉至法院,请求判令艾思默公司构成商标侵权并赔偿经济损失及合理费用共计300万元。艾思默公司辩称其在授权经销期间从陆逊梯卡上海公司进货的"Ray.Ban"太阳镜数量为4279副,除原告确认的773副外,其余3506副系从售后胡媛媛处进货,且其销售记录存在大量"刷单"的情况。

法院裁判: 福田区人民法院审理认为,《商标法》第六十四条第二款规定,销售不知道是侵犯注册商标专用权的商品,能证明该商品是自己合法取得的并说明提供者的,不承担赔偿责任。艾思默公司曾为陆逊梯卡上海公司的授权经销商,辩称其在授权经销期间从陆逊梯卡上海公司进货的太阳镜数量为4279副。陆逊梯卡集团主张陆逊梯卡上海公司系其在中国的进口商和经销商,有陆逊梯卡上海公司盖章确认的授权书为证,而陆逊梯卡上海公司在我国注册,其出具的相关材料并不需要经过涉外民事主体的公证、认证程序,故法院对陆逊梯卡集团主张的上述事实予以确认。因陆逊梯卡集团对同时有增值税发票、陆逊梯卡上海公司打印发票、送货单印证的773副太阳镜的数量予以确认,故法院对该773副太阳镜具有合法来源的事实予以确认。对剩余的3506副太阳镜的合法来源,艾思默公司辩称系从陆逊梯卡上海公司的售

---

[1] 参见广东省深圳市福田区人民法院(2018)粤0304民初34027号民事判决书。

后胡媛媛处进货，故仅有送货单。对此，法院认为，艾思默公司的上述合法来源抗辩并不能成立，理由如下：首先，艾思默公司作为陆逊梯卡上海公司的授权经销商，理当清楚陆逊梯卡上海公司的进货要求与形式，但其对与正常进货形式不同的所谓售后进货渠道并未向陆逊梯卡上海公司提出异议；其次，售后人员在通常情况下并不具备对外销售的权限，即使需要对产品进行退换货处理，也是一换一形式，不会出现大规模超出正常进货数量的情形，艾思默公司作为正常商业主体，应当对上述售后情形有所认知；最后，陆逊梯卡集团确认其或其授权公司从未以"售后服务单"的形式对外销售产品，艾思默公司提交的证据也不足以证明陆逊梯卡集团或其授权公司存在该种销售形式。

深圳市福田区人民法院于 2019 年 11 月 28 日作出判决：（1）被告深圳市艾思默贸易有限公司应立即停止侵害原告陆逊梯卡集团股份有限公司第 5212742 号"Ray. Ban"、第 20929421 号"RAY BAN"、第 21733158 号"RAY BAN GENUI ESINC 1937"、第 1048316 号"RAY. BAN"注册商标专用权的行为，即停止销售并销毁库存侵权商品；（2）被告深圳市艾思默贸易有限公司应于判决生效之日起 10 日内赔偿原告陆逊梯卡集团股份有限公司经济损失及合理开支共计 300 万元。深圳市中级人民法院于 2020 年 9 月 8 日作出判决：驳回上诉，维持原判。

2. 商品是否知名以及是否构成虚假宣传的判断

典型案例：珍妮曲奇小熊饼干有限公司（以下简称"珍妮曲奇公司"）与深圳市珍妮食品有限公司（以下简称"珍妮食品公司"）不正当竞争纠纷案❶。

基本案情：珍妮曲奇公司主张其生产的珍妮曲奇小熊饼干为知名商品，珍妮曲奇小熊饼干的外包装十余年来均以""（花环内的文字为"Jenny Bakery cookies since 2005"）为标识，以小熊为系列主题，因此构成知名商品

---

❶ 参见广东省深圳市中级人民法院（2016）粤 03 民初 463 号、广东省高级人民法院（2019）粤民终 1501 号民事判决书。

特有的包装、装潢。珍妮曲奇公司向一审法院起诉请求：（1）珍妮食品公司不得使用"珍妮曲奇"文字和图形作为产品标识。（2）珍妮食品公司停止以下不正当竞争行为：①停止使用珍妮曲奇公司获得的"全球 TOP10 零食第三位"的商誉作为产品的宣传用语，进行虚假宣传；②停止使用珍妮曲奇公司特有的包装装潢设计；③停止以小熊作为产品包装主题。（3）珍妮食品公司赔偿珍妮曲奇公司损失人民币 1000 万元及律师费 6 万元。（4）珍妮曲奇公司承担该案诉讼费。在诉讼过程中，珍妮曲奇公司放弃前述第一项诉讼请求，并变更第二项诉讼请求如下。请求判令珍妮食品公司停止以下不正当竞争行为：①停止使用珍妮曲奇公司获得的"全球 TOP10 零食第三位"的商誉作为产品的宣传用语，进行虚假宣传；②停止使用珍妮曲奇公司特有的以小熊及"Jenny Bakery"图形作为包装、装潢的设计。

法院裁判：关于珍妮曲奇公司涉案商品在被诉侵权行为发生前是否已在中国内地知名的问题，广东省高级人民法院认为，根据《反不正当竞争法》（1993 年修订）第五条第二项的相关规定，珍妮曲奇公司涉案商品在被诉侵权行为发生前已在中国内地知名，是珍妮曲奇公司据以主张知名商品特有包装装潢权益的前提。为此，珍妮曲奇公司在一审中提交了珍妮曲奇公司相关商业注册资料、2006—2015 年香港杂志报道、得意生活网站、深圳热线网站、3HK 香港网站、阿里巴巴网站、深圳晚报等互联网网站及纸媒相关报道、大众点评网与相关淘宝代购评论；在二审中，珍妮曲奇公司又补充提交了《地铁站逛香港 LET'S GO》《畅游港澳》《人民政协报》的相关报道。从前述证据，可以证明珍妮曲奇公司自 2005 年以来就在香港特区从事曲奇饼干的生产销售，经过十余年精心经营和宣传维护，其经营的珍妮曲奇饼干早在香港特区享有较高知名度，长期吸引大量消费者排队购买。虽然该案中，珍妮曲奇公司在被诉侵权行为发生前确实尚未在中国内地设店经营涉案商品，但从该案珍妮曲奇公司提交的多个公证书来看，互联网上已广泛存在提供代购珍妮曲奇公司涉案商品的服务情况，且涉案商品确实在被诉侵权行为发生前，已多次通过代购形式销往中国内地，可见该商品当时已受到中国内地消费者关注与认同。而且，根据中国内地电商平台小红书的反馈，2014 年已将珍妮曲奇公司涉案商品评为"全球 TOP10 零食大赏 TOP3",内地消费者评价"听到很多人说很好吃特好吃非常好吃,而且限购,又那么贵,所以特意叫人香港代购回来的""香港最具人气的饼干!……排队几小时还要限购的节奏,一盒难求!"可见,早在 2014 年,珍妮曲奇公司涉案商品已经广受内地消费者欢迎并具有较高美誉度。与此同时,随着中国内地与港澳地区相互交流愈发密切,不仅香港特区商品通过电子商务等方式进入中国内地市场的情形越发普遍,内地消费者到港澳地区旅游时购买畅销手信产品亦在情理之中。《深圳晚报》《地铁站逛香港 LET'S GO》《畅游港澳》均记载报道,到珍妮曲奇公司排队购买涉案商品已成为内地消费者到港旅游购物的必经场景。综上可见,珍妮曲奇公司涉案商品的知名度并不限于香港特区,而经由海淘代购、旅游交往、手信馈赠、互联网口碑分享及宣传等途径,为内地广大消费者所知悉。特别需要注意的是,该案被诉侵权行为发生在毗邻香港特区的深圳,两地交流更为密切,珍妮曲奇公司涉案商品在香港地区知名的情况对该案所涉消费群体的辐射影响将更为显著。《反不正当竞争法》所称的"知名商品"并不要求知名度到达驰名状态,其在一定市场范围内具有一定影响力即可。涉案商品经营者是否在中国内地开店经营只是考虑知名状态的其中一个因素,而非全部因素。因此,前述证据和情况足以证明珍妮曲奇公司涉案商品在中国内地,特别是在广东地区,具有较高知名度和一定影响力。一审法院仅仅以珍妮曲奇公司在中国内地经营实体店和网店时间在被诉侵权行为发生后为由,否定其在中国内地具有的知名度和影响力,有失偏颇,法院予以纠正。

关于珍妮食品公司是否侵害珍妮曲奇公司知名商品特有包装装潢的问题。该案中,珍妮曲奇公司主张其曲奇饼干的包装装潢为特有包装装潢,但明确其所主张的特有包装装潢并不固定,而仅仅是具有固定的风格和要素,即以泰迪熊为主角,个数是一个或两个;且包装上均有一个花环状的图形。对此法院认为:知名商品特有包装装潢之所以受到反不正当竞争法保护,是因为其作为商业标识已经在市场中起到了识别作用。相关消费者一旦见到相关包装装潢,即可识别该商品的来源和出处。因此,若珍妮曲奇公司用以作为侵权比对的特有包装装潢时常变换,一般难以作为固定的、特有的商业标识为公众所识别。特别是，珍妮曲奇公司所使用的泰迪熊形象并非由珍妮曲奇公司所创作，亦非具有个性特征的特定个体，而只是种类物；且珍妮曲奇公司也确认其每期使用的泰迪熊个数、颜色、服饰、姿态均不相同，即珍妮曲奇公司涉案商品并没有特定的泰迪熊整体形象。因此，在以泰迪熊为主题的装潢本身可以存在多种设计、组合和选择空间，珍妮曲奇公司无法提供证据证明其泰迪熊主题装潢已在相关公众中起到识别作用。珍妮曲奇公司甚至无法固定其可用以与被诉侵权商品包装进行比对的特定泰迪熊装潢的情况下，法院认为，不能仅因珍妮曲奇公司涉案商品包装装潢长期以泰迪熊为主题，就认定所有与泰迪熊相关的形象均属于珍妮曲奇公司涉案商品所特有、所有以泰迪熊为主题的装潢都构成侵权。否则，既不符合反不正当竞争法保护可识别来源的商业标识的制度初衷，也将导致泰迪熊这一种类为珍妮曲奇公司所独占，不利于市场经营者将泰迪熊作为装潢元素进行创新运用。但与此同时，法院留意到，在珍妮曲奇公司涉案商品长期使用的包装上，无一例外在圆形罐体上标有 图形，该图形系一椭圆形花环，花环内的文字为排列成四行的"Jenny Bakery cookies since 2005"。该花环图形为珍妮曲奇公司所设计，具有独特性，且经长期使用，具有较高显著性与一定影响力，相关公众看到该图形，容易将之识别为珍妮曲奇公司商品或者联想到珍妮曲奇公司，故其属于知名商品特有包装装潢。将被诉侵权商品与之相比对，被诉侵权商品上亦在圆形罐体上标有椭圆形花环，该花环内部有排列成三行的"JENNY BAKERY cookies"，两者的整体设计、花环形态和文字内容基本相同，仅在花环上端是否闭合，以及花环内是否存在第四行文字"since 2005"上存在细微区别。相关公众看到被诉侵权商品上的该花环图形装潢，容易将之识别为珍妮曲奇公司商品或与珍妮曲奇公司存在特定联系，导致混淆误认。

珍妮食品公司作为同业经营者，经营地址与珍妮曲奇公司所处的香港特区毗邻，不可能不知悉珍妮曲奇公司涉案商品在香港特区与广东地区均具有较高知名度与美誉度，广受内地消费者关注与认可，其不仅不尽合理避让义务，还擅自使用与珍妮曲奇公司涉案商品基本相同的特有包装装潢，故意造成相关消费者混淆误认,其不正当利用和攫取珍妮曲奇公司知名度的主观恶意明显。法院特别注意到,珍妮曲奇公司二审提交的证据证明,珍妮食品公司的原法定代表人陈某的配偶李某瑶长期从事代购香港曲奇公司涉案商品业务,陈某本人亦从事知识产权咨询行业,必然熟知涉案商品品牌及标识知名度,其却在中国内地注册"珍妮曲奇""Jenny Bakery"商标,许可给其创设的珍妮食品公司独占使用,并在被诉侵权商品上使用相近似的包装装潢。以上显示,该案被诉侵权行为的发生绝非偶然、孤立,而是珍妮食品公司及其原法定代表人陈某有预谋、有策划的行为,其侵权主观恶意明显,应予制止。因此,珍妮曲奇公司上诉称珍妮食品有限公司侵害其知名商品特有包装装潢,具有充分理据,法院予以支持。

珍妮曲奇公司以(2015)深证字第187345号公证书证明珍妮曲奇公司的珍妮曲奇小熊饼干获得小红书全球TOP10零食大赏之零食榜第三名,同时以(2015)深证字第187344号公证书证明珍妮食品公司在1号店开设的珍妮曲奇官方旗舰店网页的显著位置处宣传其珍妮熊仔曲奇饼干为"全球TOP10零食第三位 仅次于北海道ROYCE巧克力和法国LADUREE马卡龙",指控珍妮食品公司的上述广告宣传行为,构成虚假宣传。就该项指控,一审法院认为,《反不正当竞争法》第九条第一款规定的引人误解的虚假宣传行为,应当符合经营者之间具有竞争关系、有关宣传内容足以造成相关公众误解、对经营者造成直接或间接损害这三个基本条件。珍妮曲奇公司应举证证明珍妮食品公司的行为符合上述虚假宣传不正当竞争行为的三个基本条件。根据在案证据来看:其一,珍妮食品公司是一家以营利为目的的食品经营公司,与珍妮曲奇公司属于同业竞争者;其二,珍妮曲奇公司于2005年在香港成立,经过十几年的发展,珍妮曲奇公司的珍妮曲奇饼干在香港具有较高的知名度和美誉度,而珍妮食品公司于2015年3月成立,直至被诉侵权行为发生时,珍妮食品公司仅成立8个月,珍妮食品公司未能提交证据证明其产品在短短8个月内就能获得广告语中所宣传的良好商誉;其三,珍妮食品公司在1号店中开设的网店名称为"珍妮曲奇官方旗舰店",销售的商品为"珍妮曲奇饼干",网页中又发布"全球TOP10零食第三位"的宣传信息,以引人误解的方式进行商品宣传；其四，以相关公众的一般注意力为标准，客观上容易使相关公众误认珍妮食品公司销售的商品即为小红书评选的"全球TOP10零食第三位"的珍妮曲奇饼干。综上，珍妮食品公司在其网店中发布"全球TOP10零食第三位"的广告宣传语构成虚假宣传行为，属于相关法律、法规所规制的非法经营行为，但是该行为是否构成我国反不正当竞争法所规制的虚假宣传之不正当竞争行为，则需要审查是否具备前述三个基本条件。该案珍妮曲奇公司、珍妮食品公司之间存在竞争关系，且珍妮食品公司的宣传内容足以造成相关公众误解，但是因珍妮曲奇公司未能举证证明在被诉侵权行为取证之前其产品已在中国内地销售，故无法证明珍妮食品公司的宣传内容对其造成了直接损害，亦不能证明该宣传内容造成削弱珍妮曲奇公司在中国内地的竞争优势或者减少在中国内地的交易机会等间接损害。故珍妮食品公司的虚假宣传尚不能认定构成对珍妮曲奇公司的不正当竞争行为，珍妮曲奇公司在该案指控珍妮食品公司构成虚假宣传的不正当竞争行为不能成立，一审法院对此不予支持。

该案中，珍妮曲奇公司提交的（2015）深圳字第187345号公证书已经证明，其涉案商品在电商平台小红书2014年评选的全球TOP10零食大赏之零食榜中位居TOP3，该榜上TOP1和TOP2分别是来自日本的ROYCE巧克力和来自法国的LADUREE马卡龙。而珍妮食品公司在1号店上开设的"珍妮曲奇官方旗舰店"上对被诉商品的宣传是"全球TOP10零食第三位，仅次于北海道ROYCE巧克力和法国LADUREE马卡龙"，其上并有"正品珍妮曲奇，当选旗舰店""经典人气爆款"宣传。很显然，珍妮食品公司通过前述虚假宣传，意在误导相关消费者以为相关网店系珍妮曲奇公司官方网店、被诉侵权商品系珍妮曲奇公司涉案知名商品。虽然珍妮曲奇公司在被诉侵权行为发生时尚未在中国内地开实体店，但其商品通过代购形式进入中国内地市场在当时已属常见现象，且其在互联网上早已获得广大内地消费者认同，其所获得的美誉也被珍妮食品公司所攀附使用。珍妮食品公司前述虚假宣传行为，导致相关消费者误以为涉案商品系珍妮曲奇公司的知名商品而进行购买，不当掠取珍妮曲奇公司的市场份额并损害珍妮曲奇公司商誉，珍妮曲奇公司因此受到的直接损害或间接损害是必然存在的。一审法院在认定珍妮食品公司进行虚假宣传的同时，却以珍妮曲奇公司未能证明其因此受到损害为由，认为珍妮食品公司不构成虚假宣传的不正当竞争行为，显然缺乏事实与法律依据，二审法院予以纠正。

3. 驰名商标认定的必要性

典型案例：无锡三菱日机科技有限公司（以下简称"无锡三菱日机公司"）与三菱电机株式会社、茂名市茂南区鳌头镇东洋电器店（以下简称"东洋电器店"）、一审被告三菱日机（江苏）机电科技有限公司（以下简称"三菱日机江苏公司"）侵害商标权及不正当竞争纠纷案❶。

基本案情：三菱电机株式会社要求认定第170754号"三菱"商标为驰名商标，主张无锡三菱日机公司、三菱日机江苏公司、东洋电器店在冰箱、热水器商品上使用的商标侵害其涉案第170754号"三菱"商标权。无锡三菱日机公司和三菱日机江苏公司则认为由于三菱电机株式会社已在热水器商品上成功注册了第5882167号、第19743603号"三菱"商标，却不据此作为权利基础，反而要求通过另行认定第170754号"三菱"商标为驰名商标来针对热水器商品进行跨类保护，明显带有恶意。对此，一审法院认为，即使三菱电机株式会社在同种或类似商品上已享有注册商标权，三菱电机株式会社作为权利人仍然可以选择其在不同种不相类似的商品上所注册的商标作为权利基础主张认定驰定商标进行跨类保护，只不过此种情况下三菱电机株式会社需要承担证明其所主张的商标达到驰名程度，以及容易导致相关公众混淆或者产生误导公众从而致使该驰名商标注册人的利益可能受到损害的举证责任。因此该项答辩理由一审法院不予采纳。

法院裁判：一审法院认为，对于三菱电机株式会社所主张的无锡三菱日机公司和三菱日机江苏公司在上述被诉商品及网站上使用企业名称的不正当竞争行为，考虑到在无锡三菱日机公司和三菱日机江苏公司成立之前及延续至今，三菱电机株式会社通过对其商标的持续使用、中国市场的巨大投入、

---

❶ 参见广东省高级人民法院（2019）粤民终1416号民事判决书。

有力的广告宣传以及所获得的荣誉、优异的销量排名等,令涉案"三菱"商标在相关公众中产生较高的知名度。无锡三菱日机公司和三菱日机江苏公司在应当知晓涉案商标具有较高知名程度的情况下,仍然在其主要经营的且与涉案商标核定使用商品同种或类似的商品或服务中使用包含涉案"三菱"商标的企业名称,足以令相关公众产生混淆的后果,具有明显的攀附恶意。根据《商标法》第五十八条以及《反不正当竞争法》第六条第(四)项的规定,构成不正当竞争行为。据此,三菱电机株式会社已足以要求无锡三菱日机公司和三菱日机江苏公司承担停止使用包含"三菱"字号的企业名称,并将企业名称变更为不得含有"三菱"文字的企业名称的民事责任,而无须以认定第 170754 号"三菱"注册商标为驰名商标作为前提。此外,虽然无锡三菱日机公司的经营范围中包含与涉案商标核定使用商品及服务不相同不相类似的汽车零配件等商品,以及三菱日机江苏公司的经营范围中包含与涉案商标核定使用商品及服务不相同不相类似的楼宇智能化工程的施工及服务、社会经济咨询服务、佣金代理及进出口业务等服务,但三菱电机株式会社没有证据证明无锡三菱日机公司和三菱日机江苏公司在这些商品或服务范围内进行实际经营,仅因企业登记经营范围含有与涉案商标核定使用商品及服务不相同不类似的范围,不能直接作为认定驰名商标的必要事由。因此,一审法院对于第 170754 号"三菱"注册商标是否驰名在该案不正当竞争纠纷中不予认定。

典型案例:路易·威登·马利蒂(以下简称"路易·威登")诉广州锐王皮具有限公司(以下简称"锐王公司")等侵害商标权纠纷案❶。

基本案情:路易·威登向一审法院起诉,请求判令:(1)锐王公司停止生产和销售使用与路易·威登第 241081 号"LV"驰名注册商标近似的商标的手提包、钱包、皮带商品;(2)锐王公司销毁其侵犯路易·威登第 241081 号"LV"注册商标专用权的库存或待销售的手提包、背包、钱包、皮带商品以及包装盒、包装袋;(3)锐王公司连带赔偿路易·威登经济损失 50 万元;

---

❶ 参见广东省高级人民法院(2019)粤民终 1857 号民事判决书。

（4）锐王公司连带赔偿路易·威登因制止侵权行为所支付的调查费、公证费和律师费等合理开支125000元；（5）锐王公司承担该案诉讼费。

法院裁判：广东省高级人民法院认为，《商标法》第十三条第三款规定，"就不相同或者不相类似商品申请注册的商标是复制、摹仿或者翻译他人已经在中国注册的驰名商标，误导公众，致使该驰名商标注册人的利益可能受到损害的，不予注册并禁止使用"。《最高人民法院关于审理涉及驰名商标保护的民事纠纷案件应用法律若干问题的解释》第二条第一项规定"在下列民事纠纷案件中，当事人以商标驰名作为事实根据，人民法院根据案件具体情况，认为确有必要的，对所涉商标是否驰名作出认定：（一）以违反《商标法》第十三条的规定为由，提起的侵犯商标权诉讼……"法院认为，驰名商标保护的本质在于对驰名商标给予更强保护，既然《商标法》第十三条第三款对在非相同、非类似商品上的侵害商标权行为都可以通过认定驰名商标予以保护，举重以明轻，在相同和类似商品上当然可以给予驰名商标更强的保护。该案中，路易威登主张其涉案第241081号"LV"注册商标为驰名商标、被诉侵权行为违反《商标法》第十三条的规定，构成侵害涉案驰名商标商标权。而在该案诉讼过程中，被诉侵权注册商标仍为有效注册商标，路易威登无法以"LV"注册商标是一般注册商标为由，禁止被诉侵权注册商标的使用。锐王公司甚至以被诉侵权商标属注册商标为由，抗辩称该案不应立案。因此，该案有必要审核"LV"注册商标是否为驰名商标。

4. 商标性使用的判断

典型案例：上诉人汕头市斯维特工贸有限公司（以下简称"斯维特公司"）与被上诉人索尔马代克有限公司（以下简称"索尔马代克公司"）、费列罗有限公司（以下简称"费列罗公司"）、费列罗贸易（上海）有限公司（以下简称"费列罗上海公司"）侵害商标权及不正当竞争纠纷案❶。

基本案情：费列罗公司等以斯维特公司侵犯其注册商标权和构成不正当

---

❶ 参见广东省广州市海珠区人民法院（2018）粤0105民初1553号、广州知识产权法院（2019）粤73民终6024号民事判决书。

竞争为由，向一审法院提起诉讼，请求判令：(1) 斯维特公司立即停止销售带有与费列罗三公司系列注册商标相同及近似标识之巧克力及糖果产品；(2) 斯维特公司立即停止销售与费列罗三公司知名商品的特有包装、装潢近似的产品，并停止使用费列罗三公司知名商品特有的名称（"KINDERSURPRISEE-GG"，中文名"奇趣蛋"）……

法院裁判：广州知识产权法院认为，《商标法》第四十八条规定，该法所称商标的使用，是指将商标用于商品、商品包装或者容器以及商品交易文书上，或者将商标用于广告宣传、展览以及其他商业活动中，用于识别商品来源的行为。该案中，斯维特公司使用被诉标识的行为有两种，一种是在涉案网店商品名称中使用被诉标识，另一种是在被诉商品上使用被诉标识。

关于第一种使用行为，从第 7204 号公证书保全内容看，涉案网站使用语言为英文，斯维特公司在商品名称中使用被诉标识的方式为"Good Taste Chocolate Kinder Egg/King & Queen Chocolate Eggin Display Box""Kinder Surprise Kosher Chocolate With Toy""Big Kinder Smart Chocolate Surprise Egg Card Toy""Kindor Egg Chocolate with Toy inside"等，可见被诉标识"Kinder""Kindor"和"Surprise"与商标名称中其他英文字母字体、大小等均相同，斯维特公司并未单独使用或突出使用被诉标识。从前述使用方式看，不会使相关公众，尤其是以中文为母语的消费者认为被诉标识"Kinder""Kindor""Surprise"是一种巧克力、糖果等商品的品牌，不具有识别商品来源的作用，故上述使用行为并非是《商标法》第四十八条规定的商标使用行为。一审法院将斯维特公司上述使用行为认定为商标使用进而认定斯维特公司构成商标侵权不当，二审法院予以纠正。

关于第二种使用行为。斯维特公司上诉认为其为 OEM 模式不属于商标的使用行为。首先，第 7240 号公证书保全的网站为阿里巴巴国际网站，斯维特公司在网站商品详情中介绍公司商业模式为 OEM 模式，即"贴牌生产"或"定牌加工"模式，其根据外贸订单进行加工生产后销售往国外，未在国内销售被诉侵权商品。对此，法院认为，首先斯维特公司并未提交委托合同、商标授权证书等证据予以证实其实业模式，因网站内容系网站经营者自行编辑上传，故仅凭阿里巴巴网店显示的 OEM 信息，尚不能证明斯维特公司商业模式即为贴牌加工。其次，最高人民法院在（2019）最高法民再 138 号民事判决书中认定："商标使用行为是一种客观行为，通常包括许多环节，如物理贴附、市场流通等，是否构成《商标法》意义上的'商标的使用'应当依据《商标法》作出整体一致解释，不应该割裂一个行为而只看某个环节，要防止以单一环节遮蔽行为过程，要克服以单一侧面代替行为整体。商标使用意味着使某一个商标用于某一个商品，其可能符合商品提供者与商标权利人的共同意愿，也可能不符合商品提供者与商标权利人的共同意愿；某一个商标用于某一个商品以至于二者合为一体成为消费者识别商品及其来源的观察对象，既可能让消费者正确识别商品的来源，也可能让消费者错误识别的商品来源，甚至会出现一些消费者正确识别商品的来源，而另外一些消费者错误识别的商品来源这样错综复杂的情形。这些现象纷繁复杂，无不统摄于商标使用，这些利益反复博弈，无不统辖于《商标法》。因此，在生产制造或加工的产品上以标注方式或其他方式使用了商标，只要具备了区别商品来源的可能性，就应当认定该使用状态属于商标法意义上的'商标的使用'。《最高人民法院关于审理商标民事纠纷案件适用法律若干问题的解释》第八条规定：'《商标法》所称相关公众，是指与商标所标识的某类商品或者服务有关的消费者和与前述商品或者服务的营销有密切关系的其他经营者。'本案中相关公众除被诉侵权商品的消费者外，还应该包括与被诉侵权商品的营销密切相关的经营者。本案中被诉侵权商品运输等环节的经营者存在接触的可能性。而且，随着电子商务和互联网的发展，即使被诉侵权商品出口至国外，亦存在回流国内市场的可能。同时，随着中国经济的不断发展，中国消费者出国旅游和消费的人数众多，对于'贴牌商品'也存在接触和混淆的可能性。"因此，根据上述论述，即使被诉侵权商品为贴牌商品，被诉行为亦属于商标使用行为。故斯维特公司主张以定牌加工为由称被诉行为不属于商标使用的抗辩，法院不予支持。斯维特公司在生产或加工的商品上使用被诉标识的行为，属于《商标法》第四十八条规定的商标使用行为，虽然涉案网店商品介绍页面其他位置显示被诉商品品牌为"sweet"或"sweetroad"，但并不影响被诉商品上标识的商标使用的认定。

5. 企业字号的认定

典型案例：英国太古集团有限公司（以下简称"太古集团"）、太古汇（广州）发展有限公司（以下简称"太古汇公司"）诉中国船舶工业物资华南有限公司船舶大厦（以下简称"船舶大厦"）侵害商标权及不正当竞争纠纷案[1]。

基本案情：太古集团、太古汇公司于 2017 年 1 月 4 日向一审法院提起诉讼，请求：（1）船舶大厦立即停止使用并消除其酒店外墙、大堂、酒店内物品中的"太古"及"TaiKoo"字样；（2）船舶大厦在广东省级报刊上公开澄清事实，就其不正当竞争行为公开赔礼道歉，消除影响……一审法院认为被告没有侵犯原告的涉案注册商标权，也不构成不正当竞争，故判决驳回太古集团、太古汇公司全部诉讼请求。太古集团、太古汇公司不服，向广东省高级人民法院提起上诉。

法院裁判：关于"TaiKoo"是否为企业字号的问题，广东省高级人民法院认为，"太古"是太古集团中文企业名称中的字号，且经过长期广泛使用，具有很高的知名度，属于反不正当竞争法规定的有一定影响的字号。"TaiKoo"虽然不是太古集团的英文企业名称中的字号，但"TaiKoo"本身为臆造词，具有较强显著性，而且太古集团在实际经营活动中，尤其是中国境内的经营活动中经常使用"TaiKoo"，并指向太古集团或旗下公司或产业，已通过实际使用形成了明确、稳定的对应关系，并获得一定知名度，故"TaiKoo"属于在商业使用中的外国企业名称中的字号。据此，太古集团享有"太古""TaiKoo"字号相关权益。太古汇公司是太古集团旗下在中国境内登记注册的公司，其登记的中文名称中的字号为"太古汇"，虽然其无登记的英文名称，但因其在设立、资产、控股、经营等方面与太古集团之间存在密切关系，太古汇公司在商业中长期、稳定地使用包含"TaiKooHui"的英文企业名称，故

---

[1] 参见广州知识产权法院（2017）粤 73 民初 37 号、广东省高级人民法院（2019）粤民终 2590 号民事判决书。

太古汇公司主张其字号及核心部分承继了太古集团的"太古""TaiKoo"及其知名度,与客观事实相符,可予以认定。关于商标权利基础方面,太古集团为涉案商标的注册商标权人,太古汇公司为该商标的被许可人,分别享有相应的商标权。一审法院对太古集团、太古汇公司的权利基础,部分认定有误,二审法院予以纠正。

关于船舶大厦是否构成不正当竞争的问题,广东省高级人民法院认为,涉诉酒店处于持续经营状态,被诉行为持续,该案适用2019年修正的《反不正当竞争法》。根据《反不正当竞争法》第六条规定"经营者不得实施下列混淆行为,引人误认为是他人商品或者与他人存在特定联系……(二)擅自使用他人有一定影响的企业名称(包括简称、字号等)、社会组织名称(包括简称等)、姓名(包括笔名、艺名、译名等)……"该案如前所述,"太古"作为太古集团的核心字号,使用历史悠久,市场认可度高声誉好,已为公众广泛知晓;"TaiKoo"作为与"太古"对应的英文表达,经过大量和持续的实际使用,在中国境内已建立起与"太古"稳定的对应关系,二者均可认定为受反不正当竞争法保护的有一定影响的字号。船舶大厦在酒店经营过程中,以"船舶太古酒店"和/或"Gondola TaiKoo Hotel"对外经营,但船舶大厦的企业名称中并无"太古""TaiKoo"字样,其使用方式亦超出了对地名的合理使用范畴。根据查明事实,广州的太古仓码头历经沿革,已成为承载历史文化并与时俱进持续开发和发展的地方。历史沿革中以及现在官方的地名称谓均为"太古仓码头",官方使用的英文翻译为"Taigucang Wharf",并未以"太古码头"或"TaiKoo Wharf"指称。因此,即使涉诉酒店经营地点位于太古仓码头附近,可能存在需表明地理位置的使用需求,但在实际经营活动中仍应规范、合理地使用地名,尤其是在"太古""TaiKoo"具有相当知名度的情况下,更应注意避免超出规范的合理的使用范围而对他人的合法权益造成损害。太古集团、太古汇公司经营领域包括商业不动产及相关服务,与船舶大厦具有竞争关系,被诉以"船舶太古酒店"和/或"Gondola TaiKoo Hotel"对外经营的行为,构成擅自使用他人有一定影响的字号,容易引人误认为是他人商品/服务或者与他人存在特定联系的不正当竞争行为。一审法院认定被诉行为系合理使用地名而不构成不正当竞争行为,事实和法律适用错误,二审法院予以纠正。

6. 正当使用抗辩的判断

典型案例:日东电工株式会社(NITTODENKO CORPORATION)诉北京海德能水处理设备制造有限公司(以下简称"海德能水处理公司")、北京海德能科技有限公司(以下简称"海德能科技公司")侵害商标权纠纷案❶。

基本案情:日东电工株式会社于2014年4月11日向国家商标局申请注册第14357443号"CPA"商标,并于2016年5月28日获得核准注册,核定使用在第11类的"海水淡化装置;水过滤器;水净化装置;膜分离装置;污水处理设备;饮水机"等商品上,对应的商品类似群为第1110类"消毒和净化设备",商标有效期自2016年5月28日至2026年5月27日。日东电工株式会社于2018年7月10日签署授权许可确认书,将第14357443号"CPA"注册商标以普通许可的方式授权给海德能公司(HYDRANAUTICS)使用,许可使用地域范围为中国大陆地区,许可使用期限为自上述授权许可确认书签署之日起至该注册商标专用权有效期届满日。

2018年,日东电工株式会社向一审法院提起诉讼,请求判令海德能水处理公司、海德能科技公司立即停止侵害第14357443号"CPA"注册商标专用权的行为,并共同赔偿日东电工株式会社经济损失5014268.9元、合理支出185732.1元。被告则辩称其被诉行为属于对型号的使用,属于对其第14962730号注册商标的正当使用。

法院裁判:海德能水处理公司与海德能科技公司提出的被诉标识属于对型号的使用,不属于商标性使用的主张。广东省高级人民法院认为,被诉标识具有型号的属性并不能当然排斥该标识作为商标的可能性。判断被诉标识是否属于商标性使用,关键在于被诉标识的使用是否起到指示相关商品来源,使相关公众区分不同商品提供者的功能作用。该案中,海德能水处理公司与

---

❶ 参见广东省深圳市中级人民法院(2018)粤03民初3038号、广东省高级人民法院(2019)粤民终3210号民事判决书。

海德能科技公司并没有证据证明"CPA"在水处理领域属于通用型号，相反，日东电工株式会社在一审中提供的证据显示，日东电工株式会社的子公司美国海德能公司一直将"CPA"系列产品进行长期推广和突出宣传。2004年至2014年，水处理领域的多篇专业期刊文章使用 CPA 产品作研究时均将"CPA"与美国海德能公司相联系。中国膜工业协会2018年9月4日出具的证明函亦证明美国海德能公司的反渗透膜产品的市场占有率一直稳居前三，其使用的"CPA"等商标在中国膜行业及水处理相关行业中具有很高知名度，"CPA"等商标是美国海德能公司用以区分其不同系列反渗透膜产品的商标，已为中国膜行业及水处理行业相关公众所熟知。因此，不能仅以日东电工株式会社涉案标识或被诉标识带有型号的属性，就否认其具有指示来源的功能。该案中，无论是日东电工株式会社还是海德能科技公司，都将"CPA"申请注册商标，显示出双方均有将之作为商标使用的意图；而从被诉标识的具体使用情况来看，海德能水处理公司与海德能科技公司系在被诉产品正中央以较大粗写字体突出使用"CPA3-8040""CPA3-LD"，容易引起相关公众关注，客观上亦起到指示来源的作用。故此，海德能水处理公司与海德能科技公司关于被诉标识不属于商标性使用的抗辩不能成立，法院不予支持。在前述"CPA"长期为美国海德能公司使用和宣传并具有一定知名度的情况下，海德能水处理公司与海德能科技公司在被诉产品上突出使用被诉标识，容易导致相关公众误以为被诉产品来源于美国海德能公司，或者误以为与美国海德能公司存在某种特定联系，一审法院认定海德能水处理公司、海德能科技公司构成商标侵权，并无不当。海德能水处理公司与海德能科技公司虽声称其销售的被诉"CPA3-LD"来源于美国海德能公司经销商，但对该主张不能提供任何证据，而且，日东电工株式会社一审所提交的（2018）粤广南粤第3387号、第3347号公证书相关通话录音记载，海德能水处理公司在销售被诉产品时明确对客户表示，海德能水处理公司可以提供与美国海德能公司包装一样的产品，"模样是一模一样的"，客户"完全可以说当进口一起做的"。一审法院综合前述情况，认定海德能水处理公司与海德能科技公司在被诉产品上使用被诉"CPA3-LD"标识，并无不当。故广东省高级人民法院对海德能水处理公司与海德能科技公司该上诉主张亦不予支持。

对于海德能水处理公司与海德能科技公司提出的被诉标识系用在反渗透膜上而非反渗透膜元件上，被诉行为属于对其第14962730号注册商标的正当使用的主张。广东省高级人民法院认为：首先，被诉产品本身突出标注"CPA3-8040""CPA3-LD"，而被诉产品随附的北京海德能公司膜产品技术手册（2016版）明确记载，"CPA3-8040、CPA3-LD膜元件是海德能公司研制开发的用于……的复合膜元件"。可见，海德能水处理公司与海德能科技公司在生产销售被诉产品时，是将被诉产品作为复合膜元件销售的。其次，一审法院已从相关国家标准及被诉侵权产品随附的北京海德能公司膜产品技术手册（2016版）对"膜"与"膜元件"的定义、产品的命名规则、被诉产品的结构属性乃至被诉标识的使用位置等方面，论证被诉产品确实属于"膜元件"，相关论述清晰充分，海德能水处理公司与海德能科技公司虽对此提出异议，但未能提出任何相反证据或合理理由。再次，海德能科技公司官网首页上侧在其"北京海德能公司"名称下标注为"专业膜元件制造商"，在"企业概况"中宣称是"专业从事水处理设备研制、开发、生产、销售的科技型生产制造企业，公司主要产品有移动净水设备、应急净水设备、海水淡化设备、纯净水设备等"，并称"2004年，海德能膜元件占据国内14.2%的市场份额"。现海德能水处理公司与海德能科技公司否认被诉产品系膜元件，继而否认其属于水净化装置或水处理设备，显然与其前述宣传相互矛盾。最后，该案中，海德能水处理公司与海德能科技公司虽在第17类"水净化设备用反渗透薄膜"等商品上注册了第14962730号商标，但申请日晚于日东电工株式会社，且该案证据显示日东电工株式会社的子公司美国海德能公司在相关领域早已知名，涉案"CPA"商标也早在海德能水处理公司与海德能科技公司成立前就已经实际开始使用。在此情况下，海德能水处理公司与海德能科技公司即使享有第14962730号注册商标，也应严格限定在商品核定类别上使用，而非超范围使用。综上，海德能水处理公司与海德能科技公司上诉声称被诉标识使用在反渗透膜上、属于对其注册商标的正当使用，不具有事实依据与法律依据，广东省高级人民法院不予支持。

（三）著作权纠纷的裁判规则

1. 美术作品的判定

典型案例：雅斯·埃内西有限公司（以下简称"埃内西公司"）诉广东卡拉尔酒业有限公司（以下简称"卡拉尔公司"）等侵害作品复制权纠纷、侵害作品发行权纠纷、侵害作品信息网络传播权纠纷[1]。

基本案情：1923 年 11 月 1 日，埃内西公司在法国成立，营业范围为在法国和国外经营烈酒，1859 年首次进入中国市场。埃内西公司旗下品牌包括轩尼诗 V.S.O.P、轩尼诗 X.O、轩尼诗李察、轩尼诗百乐廷（杯莫停）、拿破仑等系列产品。2003 年、2004 年、2006 年，轩尼诗百乐廷在旧金山世界烈酒大赛上获得双勋金奖；2005 年，轩尼诗百乐廷在旧金山世界烈酒大赛上获得双勋金奖、顶级干邑和顶级白兰地三重奖项；2008 年，轩尼诗百乐廷在旧金山世界烈酒大赛上获得双勋金奖和顶级干邑双重奖项。卡拉尔公司为自然人投资或控股的有限责任公司，成立于 2009 年 8 月 21 日，设立时经营范围为批发兼零售预包装食品（酒精饮料、非酒精饮料）、普通货运、货物进出口、技术进出口。

2017 年，埃内西公司以其轩尼诗百乐廷干邑所使用的酒瓶构成作品，卡拉尔公司等侵犯其作品复制权纠纷、侵害作品发行权纠纷、侵害作品信息网络传播权为由提起诉讼。

法院裁判：广州知识产权法院认为，轩尼诗百乐廷干邑所使用的酒瓶满足获得我国著作权法保护的构成要件。关于埃内西公司提交的著作权登记证书能否证实涉案 Paradis 瓶子获得我国著作权法保护的问题，意见如下。①著作权登记证书并不是认定某项客体具有独创性并获得保护的决定性依据。根据《国家版权局作品自愿登记试行办法》第一条的规定，作品著作权登记的目的是为解决著作权纠纷提供初步证据。因此，涉案 Paradis 瓶子获得著作权登记本身并不能成为其当然能够获得我国著作权法保护的依据。②在个案中

---

[1] 参见广州知识产权法院（2017）粤 73 民初 3414 号、广东省高级人民法院（2019）粤民终 1665 号民事判决书。

对某项客体是否具有独创性作出审查判断是法院的职权。即使著作权登记能够成为权利人享有权利或者某项客体属于著作权法保护的作品的初步证据，在当事人于个案中对此发生争议时，人民法院仍然有权对权属或者独创性问题重新作出审查判断。埃内西公司在该案主张的作品是 Paradis 瓶子，即其经营的酒类产品轩尼诗百乐廷干邑所使用的酒瓶，显而易见，酒瓶兼具实用性和艺术性两方面，故其主张的作品系实用艺术作品。我国著作权法及其实施条例没有对实用艺术作品作出明确定义，也没有对实用艺术作品的保护作出专门规定。只有实用艺术作品本身构成我国著作权法意义上的作品才能获得我国著作权法的保护。由于我国著作权法规定的每一类作品除了要满足作品的一般要件外，还需要满足该类作品的特殊要件，因此应首先明确权利人所主张保护的作品类型。

该案中，埃内西公司明确主张轩尼诗百乐廷干邑所使用的酒瓶即 Paradis 瓶子构成美术作品，故核心问题是 Paradis 瓶子是否构成我国著作权法所保护的美术作品。

首先，《著作权法实施条例》第二条规定，著作权法所称作品，是指文学、艺术和科学领域内具有独创性并能以某种有形形式复制的智力成果。《著作权法实施条例》第四条关于"美术作品"的定义如下，美术作品是指绘画、书法、雕塑等以线条、色彩或者其他方式构成的有审美意义的平面或者立体的造型艺术作品。可见，涉案 Paradis 瓶子是否构成美术作品首先应当判断其是否满足作品的三个构成要件：其一，是否属于文学、艺术和科学领域的一种表达形式；其二，是否具有独创性；其三，是否能以有形形式复制。同时，还应当满足美术作品的特殊构成要件，即以线条、色彩或其他方式构成，具有审美意义，平面或立体的造型艺术。

其次，实用艺术作品能否作为美术作品获得保护，应对其是否具有"审美意义"或"美感"单独进行审查判断。著作权法的基本理念是保护思想的独创性表达但不保护思想，不具有功能性和实用性的表达才能有条件地被纳入著作权法的保护。从宏观层面而言，作品是一种满足人类精神需求的智力成果，所有的作品构成在理论上都有"美感"要求，即美感已经内含于独创性要件之中，其基本意义就是在某种程度上满足人们精神需求的思想表达。如同我国《著作权法》对于作品的"独创性"并不苛求高度，对于非实用性美术作品的"美感"亦没有做出过高要求。虽然"美术作品"规定了"审美意义"，但对于一般美术作品而言，只需要证明独创性，而无需将"审美意义"作为一个单独构成要件进行论证。实用美术作品是指具有实用性、艺术性并符合作品构成要求的智力创作成果。可见，是否具有"美感"或"审美意义"是区分一个实用工业品是否可以纳入美术作品获得保护的重要标准。因此，对于一般的美术作品只需要证明独创性即可，但对于实用美术作品还应当单独论证其是否具有"审美意义"。最后，从《著作权法》和《专利法》的关系考虑，在进行独创性判断时，实用艺术作品创作性高度要求应高于其他非实用艺术作品，而非仅仅满足最低限度的创作性即可。《著作权法》通过功能性例外实现《著作权法》与《专利法》的合理分工。《专利法》第二条规定，外观设计是指对产品的形状、图案或者其结合以及色彩与形状、图案的结合所作出的富有美感并适用工业应用的新设计。实用艺术品兼具实用性和艺术性，往往也可以申请外观设计专利保护。该案中，轩尼诗百乐廷干邑所使用的酒瓶已申请外观设计专利并获得授权，同时亦以其立体造型申请注册为立体商标。作为美术作品保护与外观设计专利保护是不一样的，两者在权利取得、保护范围、有效期限等方面都存在重要区别：前者自动取得，后者须经国家审核授权才能取得；后者保护范围限于相同或类似产品上相同或近似外观设计，前者无此限制；前者有效期为作者生平加50年，后者仅为10年。如在实用艺术作品独创性要件判断上过于宽松，绝大多数外观设计权利人将感到没有必要费力去申请外观设计专利，外观设计专利制度将形同虚设。而如果所有外观设计权利人大都求助于著作权法保护，则会导致本来以保护文化领域中的创作成果的著作权法的重心偏移。故而有必要严格审查作为美术作品保护的实用艺术作品独创性要件。

关于轩尼诗百乐廷干邑所使用的酒瓶造型是否构成美术作品的意见如下。涉案 Paradis 瓶子是由线条、色彩构成的立体造型，具有可复制性，属于文学、艺术和科学领域的人类智力成果。因此，涉案 Paradis 瓶子是否构成美作品应重点审查以下问题：其一，该酒瓶所使用的立体造型是否具有美感；其二，该酒瓶的实用性与艺术性能否分离；其三，该酒瓶的立体造型是否达到美术作品的创作性高度。

首先，美无处不在，任何一个实用物品的设计或多或少都会有一些美学上的考虑。美感即人对美的需要被满足时所产生的愉悦反应。该案中，涉案 Paradis 瓶子由瓶身和瓶盖两部分构成，瓶身为透明玻璃材质，瓶身正面下部有"Hennessy PARADIS EXTRA"等字样。瓶身整体呈扁葫芦形，瓶身两侧面各有一条上窄下宽的带状棱边；从左右两侧面看，瓶身正面和背面的外部轮廓过渡平滑且无凸起或凹陷，而且内部轮廓在瓶身中部向里凹进。瓶盖整体分为三部分，上部近似圆柱体，中部有一凸环，下部为圆柱体，顶部上表面略向外凸。酒瓶整体轮廓设计线条流畅，瓶身外表面没有任何装饰图案或雕刻设计，整体简洁大方；尤其是沿着瓶身两侧薄薄的带状棱边使得整个酒瓶体态轻盈，与瓶身弧线形的轮廓设计结合，优美雅致，使人产生美感。

其次，虽然著作权保护不断延伸到具有实用功能的物品，但是只有那些美学或艺术特征能够与实用物品分离的艺术品或工业设计才能获得著作权保护。即使这些作品可能具有美学上令人愉悦的特征，但如若不能将其具有的美学特征与其实用性相分离，也无法获得著作权的保护。关于如何区分实用性与艺术性，我国著作权法没有明确的规定。有的实用艺术作品中的图片、雕塑等美学部分能够与实用产品的功能部分从物理上独立分开，这些物理上可分的美学部分则无须依赖功能性部分就可以成为独立的作品，获得著作权的保护。但有的实用艺术作品的实用性与艺术性特征融为一体，无法从物理上加以分离。该案中，涉案 Paradis 瓶子扁葫芦形的艺术造型与其作为容器的使用功能部分无法在物理上进行分离。故需要进一步判断涉案 Paradis 瓶子的实用性与艺术性在观念上是否可分。

判断"观念上的分离"，应当关注实用物品独特的艺术或美学特征对于实现实用功能是否有必要。也就是说，如果将实用艺术品的艺术部分进行改动，影响其实用功能的实现，则艺术性与实用性无法在观念上分离；反之，如果艺术部分设计的改动并不会影响实用功能的实现，则其艺术性与实用性可以在观念上分离。该案 Paradis 瓶子系酒瓶，酒瓶作为用来装酒的容器，为了实现作为容器的实用目的，酒瓶必须有用于注入酒液的瓶口及容纳酒液的瓶身，但酒瓶的整体外形轮廓、装饰图案、色彩等仍有较大的设计空间。可见，该案 Paradis 瓶子即使不设计成本案扁葫芦形，尤其是将瓶身两侧薄薄的带状棱边设计予以改动，并不会影响其实用功能即作为容器储存酒液的功能。因此，Paradis 瓶子的艺术美感能够与其实用功能在观念上进行分离。

最后，关于该酒瓶的立体造型是否达到美术作品的创作性高度。对于美术作品而言，其独创性要求体现作者在美学领域的独特创造力和观念。因此，对于那些既有欣赏价值又有实用价值的客体，其是否可以作为美术作品保护取决于作者在美学方面付出的智力劳动所体现的独特个性和创造力，那些不属于美学领域的智力劳动则与独创性无关。该案中，埃内西公司提交外观设计专利及其国际注册信息、台湾《太平洋日报》等证据相互印证，足以证实涉案 Paradis 瓶子系由阿涅斯·帝埃里独立创作完成。如前所述，独立完成和付出劳动本身并不是某项客体获得《著作权法》保护的充分条件。因而需要进一步审查涉案 Paradis 瓶子是否体现了作者在美学领域的独特的、个性化表达。一审法院认为，涉案 Paradis 瓶子属于实用性与艺术性可在观念上分离的实用艺术品，该产品的创意主要体现在外观造型方面，如前所述，该酒瓶整体轮廓设计线条流畅，瓶身表面没有任何装饰图案或雕刻设计，造型简洁大方；尤其是沿着瓶身两侧薄薄的带状棱边使得整个酒瓶体态轻盈，与瓶身弧线形的轮廓设计结合，体现了作者个性化的表达，具有较强的艺术性和独创性，表现出简洁典雅的风格，富有美感，故其构成著作权法保护的美术作品。

2. 作品权利归属的判断

典型案例：埃内西公司诉卡拉尔公司等侵害作品复制权纠纷、侵害作品发行权纠纷、侵害作品信息网络传播权纠纷❶。

基本案情：同上。

---

❶ 参见广州知识产权法院（2017）粤 73 民初 3414 号、广东省高级人民法院（2019）粤民终 1665 号民事判决书。

法院裁判：广东省高级人民法院认为，关于埃内西公司对于涉案"Paradis瓶子"是否享有著作权的问题。该案中，埃内西公司在一审期间提交了著作权登记证书、外观设计专利证书、历年使用宣传情况和转让证书，拟证明涉案作品虽然系阿涅斯·帝埃里创作，但属于法人作品。但因该主张不符合我国著作权法关于法人作品的规定，且相关转让证书不符合相关域外证据取得的规定，相关转让内容也不清晰，故一审法院不予采信。二审期间，埃内西公司又进一步提供了阿涅斯·帝埃里出具的声明，进一步明确涉案作品的著作权归埃内西公司所有。综合该案证据，二审法院认为：首先，涉案作品由阿涅斯·帝埃里所创作，这一事实不仅在一审时就为双方当事人所确认，而且，埃内西公司早在2001年申请获得的相关外观设计专利证书上也明确记载，相关外观设计专利的设计人为阿涅斯·帝埃里；埃内西公司二审提交的阿涅斯·帝埃里声明中，也附有相关作品设计稿，故法院对该事实予以确认。其次，该案证据已足以认定埃内西公司享有涉案作品著作权。虽然埃内西公司并未提交合同或其他证据证明其委托创作的过程及相关权利归属的约定，但埃内西公司已在该案二审中补充提交涉案作品创作者阿涅斯·帝埃里出具的声明，该创作者确认从涉案"Paradis瓶子"创作完成之日起，就由埃内西公司享有包括著作权在内的相关知识产权。因此，在埃内西公司与该涉案作品具体创作者之间对于知识产权归属埃内西公司的事实不存在争议的情况下，若仍要求埃内西公司完整提供20年以前的合同等证据证明相关创作过程及权利归属约定，显然过于苛刻。此外，涉案"Paradis瓶子"多年来始终由埃内西公司使用并广为宣传，埃内西公司在包括中国在内的多个国家申请注册相关商标权、外观设计专利权、登记相关著作权，而创作者阿涅斯·帝埃里从未提出质疑等事实来看，亦可合理印证涉案作品系专为埃内西公司所创作，且相关知识产权由埃内西公司享有。因此，该案证据已足以认定埃内西公司对涉案"Paradis瓶子"美术作品享有著作权。卡拉尔公司、拔兰地公司、李氏公司抗辩称，埃内西公司关于作品性质的陈述前后矛盾，阿涅斯·帝埃里的声明不足采信。但经查，埃内西公司在一审和二审中，均确认涉案作品系由阿涅斯·帝埃里创作且始终由埃内西公司使用的事实。埃内西公司虽然对于作品定性问题在一审和二审有不同的主张，但此显然系基于对法律问题的不同理解而提出，并非前后矛盾，更非虚假陈述。相比之下，卡拉尔公司、拔兰地公司、李氏公司在一审时已主张并当庭确认涉案作品由阿涅斯·帝埃里所创作、同意由埃内西公司调取阿涅斯·帝埃里的书面证言，并因此当庭撤回阿涅斯·帝埃里作为证人出庭作证的申请；但在埃内西公司二审补充提供阿涅斯·帝埃里的声明后，卡拉尔公司、拔兰地公司、李氏公司却在没有任何证据的情况下推翻其主张，不认可相关声明，卡拉尔公司并在二审庭审后再次申请阿涅斯·帝埃里出庭接受质询。卡拉尔公司、拔兰地公司、李氏公司前后矛盾的行为违反了民事诉讼禁反言规则和证据规则相关规定，故法院对其抗辩主张不予支持。

3. 实用艺术作品的保护规则

典型案例：株式会社梅格屋（以下简称"梅格屋"）、汕头市澄海区文盛塑胶玩具实业有限公司（以下简称"文盛公司"）著作权权属、侵权纠纷案[1]。

基本案情：梅格屋是一家于1962年在日本东京成立的公司，经营范围包括玩具、游戏机器、自动售货机、运动用品的企划开发、制造、销售及进出口等。2018年6月4日，梅格屋向一审法院提起诉讼，请求判令文盛公司：（1）立即停止生产、销售侵害梅格屋"国作登字－2018－F－00535804"（本体）、"国作登字－2018－F－00535803"（部件）、"国作登字－2018－F－00535806"（卡片）、"国作登字－2018－F－00535807"（外包装）美术作品著作权的产品的行为，销毁上述库存产品，回收、销毁在销售渠道中的上述产品，销毁用于生产侵权产品的模具等；（2）在其阿里巴巴自营店铺、《南方都市报》刊登致歉声明，向梅格屋公开赔礼道歉，消除影响；（3）第122号案赔偿梅格屋经济损失及为制止侵权行为所支付的合理费用80万元、第123号案和第124号案各赔偿10万元，三案共计100万元；（4）承担案件全部诉讼费用。

---

[1] 参见广东省高级人民法院（2019）粤知民终125－127号民事判决书。

该案争议焦点之一在于：涉案人体惊悚模型玩具作为美术作品是否可以延及工业制品的保护，即依据《实施国际著作权条约的规定》第六条的规定，文盛公司被诉人体惊悚模型玩具是否构成著作权侵权的问题。

法院裁判： 广东省高级人民法院认为，梅格屋在该系列案主张权利的"人体惊悚模型玩具本体""人体惊悚模型玩具部件"作品，是玩具类工业产品，属于实用艺术作品。关于实用艺术品是否受我国著作权法保护的问题，根据《著作权法实施条例》第二条的规定，著作权法所称作品，是指文学、艺术和科学领域内具有独创性并能以某种有形形式复制的智力成果。受著作权法保护的作品应当具备独创性、可复制性智力成果特征。其中独创性是指作品由作者独立完成且与已有作品存在差异。我国著作权法列举了文字作品、音乐作品、美术作品等作品类型，其中美术作品是指绘画、书法、雕塑等以线条、色彩或其他方式构成的有审美意义的平面或者立体的造型艺术作品。一般认为，《伯尔尼公约》所指的实用艺术作品是指具有实用功能的美术作品。我国《著作权法》不排除对实用艺术作品的保护，为实施《伯尔尼公约》，我国《实施国际著作权条约的规定》第六条明确规定对外国实用艺术作品给予保护。因此，具有实用功能的美术作品，或称实用艺术作品，符合我国《著作权法》关于作品和美术作品构成要件的，应当受到著作权法的保护。实用艺术品是否受著作权法保护，关键在于其实用性与艺术性是否可分离，剥离其实用功能部分后是否具有审美意义的独创性表达。具体到该系列案，"人体惊悚模型玩具本体""人体惊悚模型玩具部件"玩具产品以人体模型为设计模板，对脸部着重进行了卡通化设计，对人体器官进行了富有个性化的艺术加工，面部造型对组装后形成的人体模型作出了形象的惊悚表达，艺术性较强，独创性较高，对其进行改动，并不影响玩具的实用功能，其艺术性与实用性在观念上可分离，排除该玩具的实用功能部分。其具有审美意义的独创性表达，符合我国《著作权法》关于作品的规定，应当受到我国《著作权法》的保护。

实用艺术作品本质上属于美术作品。《实施国际著作权条约的规定》第六条规定"对外国实用艺术作品的保护期，为自该作品完成起二十五年。美术作品（包括动画形象设计）用于工业制品的，不适用前款规定"。外国实用艺术作品的保护期与《著作权法》给予美术作品的保护期不同，关于外国实用艺术作品的规定属于美术作品的特别规定，应当优先适用。但外国实用艺术作品作为美术作品保护的，其保护期不能适用作品完成起二十五年的规定，而应适用美术作品的保护期限。故该规定并非限制外国实用艺术作品获得著作权保护，强调的恰恰是在立体艺术造型美术作品应用于工业制品的情况下，其保护期限应当适用美术作品的保护期限，而不是二十五年的保护期限。将具有美感且有审美意义的立体艺术造型应用于工业设计，是申请为外观设计专利，还是作为美术作品请求保护，是权利人的选择范畴，而不是权利受限的范畴。不问艺术性，将工业制品一律排除在著作权法保护的范围之外，没有法律依据，不是对该规定的正确理解。文盛公司提出涉案玩具应受外观设计专利权保护而不应受著作权法保护的相关上诉理由无法律依据，法院不予支持。申请专利应当遵循诚实信用原则，不得将申请日前已在国外为公众所知的设计申请为专利。文盛公司相同外观设计专利的申请在梅格屋人体模型玩具公开销售之后，文盛公司以其在涉案作品著作权登记时间之前已向国家知识产权局申请外观设计专利为由进行不侵权抗辩无据，法院不予支持。

4. 域名权属的判定

典型案例：原告陈某飞与被告布鲁有限公司（以下简称"布鲁公司"）网络域名权属、侵权纠纷案❶。

基本案情：陈某飞在先注册并持有域名"bulu.com"。2018年11月12日，布鲁公司向美国国家仲裁院（National Arbitration Forum）提交投诉书，要求将域名"bulu.com"（以下简称"涉案域名"）转移到布鲁公司名下。2019年1月2日，美国国家仲裁院出具裁决书，决定将涉案域名转移到布鲁公司名下。陈某飞认为，其为涉案域名的合法权利人，布鲁公司的投诉行为及裁决书内容不具有合法性，侵害了陈某飞的合法权益，遂向广州互联网法院提起诉讼，请求：（1）确认域名"bulu.com"为陈某飞所有；（2）判令布鲁公司向陈某

---

❶ 参见广州互联网法院（2019）粤0192民初69号民事判决书。

飞赔偿经济损失60000元（含合理费用）；（3）判令布鲁公司承担该案诉讼费用。

法院裁判：广州互联网法院认为，涉案域名"bulu.com"由陈某飞在先注册并持有，目前尚处于有效期内。按照网络域名注册的"先申请先注册"原则，一经注册，域名持有人即可在域名注册有效期内对域名享有合法、有效的权益，除非其注册、使用域名的行为侵犯他人的合法权益。因此，该案中，陈某飞请求确认涉案域名归其所有，实际上是请求确认其以域名持有人的身份对涉案域名享有的合法权利，而认定陈某飞是否享有合法权利的关键在于判断其行为是否侵犯布鲁公司的合法权益。

就域名纠纷案件侵权构成条件的认定，根据《最高人民法院关于审理涉及计算机网络域名民事纠纷案件适用法律若干问题的解释》第四条的规定，人民法院审理域名纠纷案件，对符合四项条件的，应当认定域名持有人注册、使用域名等行为构成侵权或者不正当竞争，其中一项条件要求域名持有人"对该域名的注册、使用具有恶意"。该项条件与美国国家仲裁院裁决所依据的统一域名争议解决政策（ICANN）要求域名侵权必须满足的"域名持有人的域名已被注册并且正被恶意使用"的要件基本一致。

关于域名持有人对域名的注册、使用等行为是否具有恶意的判断，根据《最高人民法院关于审理涉及计算机网络域名民事纠纷案件适用法律若干问题的解释》第五条第一款的规定，域名持有人的行为被证明具有下列情形之一的，人民法院应当认定其具有恶意：（1）为商业目的将他人驰名商标注册为域名的；（2）为商业目的注册、使用与他人的注册商标、域名等相同或近似的域名，故意造成与他人提供的产品、服务或者他人网站的混淆，误导网络用户访问其网站或其他在线站点的；（3）曾要约高价出售、出租或者以其他方式转让该域名获取不正当利益的；（4）注册域名后自己并不使用也未准备使用，而有意阻止权利人注册该域名的；（5）具有其他恶意情形的。

该案中，尽管陈某飞持有的域名与布鲁公司的注册商标的主要部分均为"bulu"，但陈某飞注册和使用涉案域名的行为并不存在上述司法解释所规定的恶意情形，理由如下。

第一，陈某飞注册涉案域名不具有恶意。陈某飞于 2002 年注册涉案域名，而布鲁公司成立于 2012 年，取得两商标的注册时间分别为 2014 年和 2018 年，商标的首次使用时间为 2012 年；无论布鲁公司的成立时间还是商标的注册、使用时间，均远远晚于陈某飞注册涉案域名的时间，布鲁公司未举证证明其在陈某飞注册涉案域名之时或之前就已经对"bulu"享有在先合法有效的权益，陈某飞作为域名注册人在申请注册时也不能够预见他人尚未取得的权利；而即便陈某飞在注册涉案域名后未使用，但因布鲁公司未享有在先合法有效的权益，陈某飞的注册行为不属于有意阻止布鲁公司作为权利人注册该域名的情形。因此，陈某飞注册涉案域名的行为不存在上述司法解释规定的第（1）、（2）、（4）项的情形，即为商业目的将他人驰名商标注册为域名的，或为商业目的注册与他人的注册商标相同或近似的域名，或有意阻止权利人注册该域名的恶意情形。

第二，陈某飞使用涉案域名时不存在故意造成与布鲁公司提供的产品、服务或网站混淆的恶意情形。布鲁公司向公众提供健康产品等的零售服务，服务对象是美国境内的用户，而陈某飞在注册涉案域名后，没有将涉案域名投入商业使用，没有利用涉案域名向公众提供产品或服务，布鲁公司也未举证证明陈某飞使用涉案域名的行为会导致网络用户的混淆、误认，故陈某飞使用涉案域名的行为不存在上述司法解释规定的第（2）项的情形，即为商业目的使用与他人的注册商标相同或近似的域名，故意造成与他人提供的产品、服务或者他人的网站的混淆，误导网络用户访问其网站或其他在线站点的。

第三，陈某飞不存在要约高价出售或转让涉案域名以获取不正当利益的恶意情形。美国国家仲裁院的裁决书认定，布鲁公司与陈某飞的电子邮件来往显示布鲁公司曾联系陈某飞购买域名，陈某飞最初回复要价 200000 美元，之后又涨至 500000 美元，陈某飞具有恶意。庭审中，陈某飞对该事实予以否认。但是，即便双方确实如裁决书载明的曾经就涉案域名的出售事宜进行沟通，也无法直接因陈某飞回复邮件并给出报价的行为而认定陈某飞具有恶意。在双方就涉案域名出售或转让的沟通过程中，布鲁公司主动联系陈某飞要求购买域名，而非陈某飞主动向布鲁公司要约高价出售，而陈某飞对购买域名的报价回复是域名买卖中正常的磋商过程，该报价可能是其基于对自身域名投资价值所作出的判断，也有可能是表明其不愿出售域名，布鲁公司在该案中对此没有进一步举证，因此不能由此推断陈某飞具有恶意。裁决书根据统一域名争议解决政策（ICANN）第4条b款所列举的第一种恶意的情形来认定陈某飞的行为具有恶意，即域名持有人注册或获取域名的主要目的是用于向投诉人（商标或服务标记的所有者）或该投诉人的竞争对手销售、租赁或转让该域名注册，以获得比所记录的与域名直接相关之现款支付成本的等价回报还要高的收益。法院认为，从该条款的规定看，域名持有人以向投诉人或该投诉人的竞争对手销售、租赁或转让域名以获取额外收益作为注册或获取域名主要目的的，才能认定具有恶意。该案中，陈某飞在注册获得涉案域名时，布鲁公司未享有在先权益；在域名使用过程中也未主动向布鲁公司提供域名出售服务，而仅仅是在布鲁公司联系购买域名时回复域名报价，该事实不能证明其注册或获取涉案域名的主要目的就是向布鲁公司或布鲁公司的竞争对手销售或转让以获取额外收益，更不能由此推断恶意，因此，根据现有证据不能认定陈某飞存在上述司法解释规定第（3）项"曾要约高价出售、出租或者以其他方式转让该域名获取不正当利益"的恶意情形。

第四，陈某飞不存在其他恶意的情形。美国国家仲裁院的裁决书认定，涉案域名的WHOIS信息表明用于域名注册的"名称服务器"（name server）拥有7177个域名，而且这些注册没有善意的证据，故陈某飞注册涉案域名"bulu.com"系恶意。庭审中，陈某飞否认其注册了7177个域名，认为这些域名可能系域名注册商名扬公司注册或为该网站服务器所拥有。法院认为，名称服务器是用于保存域名空间各部分的信息，并响应域名解析请求的。涉案域名的名称服务器NS1.DNPARKING.COM与NS2.DNPARKING.COM，是名扬公司为通过其注册的域名（包含涉案域名"bulu.com"）提供域名解析服务的，该信息不能表明陈某飞注册了7177个域名，更不能由此推断陈某飞具有恶意。布鲁公司未能举证证明陈某飞具有其他恶意的情形，故根据现有证据，不能证明陈某飞存在上述司法解释规定第（5）项的"具有其他恶意情形"。

综上，陈某飞对涉案域名注册、使用不具有恶意，不满足上述司法解释规定的构成侵权或者不正当竞争的条件，因此陈某飞请求法院确认其以域名持有人的身份享有涉案域名"bulu.com"的合法权益，于法有据，予以支持。

（四）涉外知识产权程序规则

1. 标准必要专利纠纷诉讼的国际管辖及国内管辖

典型案例： 康文森无线许可有限公司（以下简称"康文森公司"）与中兴通讯股份有限公司（以下简称"中兴公司"）专利合同纠纷上诉案❶。

基本案情： 康文森公司是一家在卢森堡注册成立的非专利实施主体（NPE），其从诺基亚公司购买了部分无线通信标准必要专利。康文森公司与中兴公司因无法达成标准必要专利许可协议发生纠纷。中兴公司于2018年1月17日将康文森公司作为被告起诉至深圳市中级人民法院，请求裁判康文森公司许可给中兴公司中国标准必要专利包的费率。康文森公司在答辩期内提出管辖权异议申请，中兴公司的诉讼请求与康文森公司在英国诉讼中的诉讼请求存在重叠，英国法院是管辖该案更适宜的法院，该案不宜由深圳市中级人民法院管辖，请求驳回中兴公司的起诉。

法院裁判： 深圳市中级人民法院裁定驳回康文森公司的申请，康文森公司提起上诉，请求撤销一审裁定，确认该案不宜由一审法院管辖，驳回中兴公司的起诉。最高人民法院经审查认为，该案在二审阶段的主要争议焦点问题有：其一，中国法院对该案是否具有管辖权；其二，如果中国法院对该案具有管辖权，一审法院对本案行使管辖权是否适当；其三，该案是否应驳回起诉，告知一审原告向更方便的外国法院起诉。

（1）中国法院对该案是否具有管辖权。

康文森公司系外国企业，且其在中国境内没有住所和代表机构。针对在中国境内没有住所和代表机构的被告提起的涉外民事纠纷案件，中国法院是否具有管辖权，取决于该纠纷与中国是否存在适当联系。判断标准必要专利

---

❶ 参见深圳市中级人民法院（2018）粤03民初335号、最高人民法院（2019）最高法知民辖终157号民事裁定书。

许可纠纷与中国是否存在适当联系，应结合该类纠纷的特点予以考虑。

第一，标准必要专利许可纠纷的发生原因。此类纠纷中，标准必要专利权利人对其持有的专利组合通常已向标准制定组织作出过公平、合理、无歧视（FRAND）的许可承诺。尽管如此，仅有公平、合理、无歧视（FRAND）的许可承诺并不意味着合同已经成立，还需要进一步确定具体的许可条件。因此，标准必要专利权利人与标准实施者一般需要先就标准必要专利许可进行协商谈判。标准必要专利许可谈判通常需要经过如下几个阶段：标准必要专利权利人向标准实施者发出侵权通知函或者谈判邀请；签署保密协议；技术澄清与讨论；标准必要专利权利人提出许可要约方案；标准实施者提出反要约；商务协商签署许可协议；协议履行。在上述过程中，双方纠纷发生的原因是多方面的：既可能是在技术澄清阶段，就许可标的或其中部分标的是否属于标准必要专利、该标准必要专利是否有效等发生争议；也可能在许可条件谈判阶段，因许可的具体条件（例如许可费、许可范围等）发生争议；还可能在许可协议达成后，因许可协议的履行发生争议。

第二，标准必要专利许可纠纷的核心。标准必要专利许可纠纷的核心是诉请法院确定特定许可条件或者内容，促使双方最终达成许可协议或者履行许可协议。在具体案件中，法院通常需要根据纠纷发生原因的不同，有针对性地确定许可标的、许可条件等。例如，在双方就许可标的发生争议时，法院需要审查所涉标准必要专利是否真正为实施特定标准所必需及其有效性如何。

第三，标准必要专利许可纠纷的特殊性。由上述分析可知，该类纠纷具有专利侵权纠纷的某些特点，例如可能需要判断作为许可标的的专利是否属于标准必要专利或者标准实施者是否实施了该专利，以及该专利的有效性如何；同时，又具有合同纠纷的某些特点，例如可能需要根据磋商过程确定双方关于包括许可费率在内的许可条件存在的分歧或已达成的部分合意等。可见，标准必要专利许可纠纷既非典型的合同纠纷，又非典型的侵权纠纷，而是一种特殊的纠纷类型。

第四，标准必要专利纠纷的国际管辖。关于标准必要专利许可纠纷这一特殊纠纷是否与中国存在适当联系的判断，可以考虑许可标的所在地、专利实施地、合同签订地、合同履行地等是否在中国境内。只要前述地点之一在中国境内，则应认为该案件与中国存在适当联系，中国法院对该案件具有管辖权。该案中，非常明确的是，作为许可标的的标准必要专利为中国专利，作为许可标的的标准必要专利实施地也在中国，中国法院对该案具有管辖权。康文森公司关于标准必要专利使用费许可纠纷为合同纠纷、标准实施者的义务是支付专利使用费等主张忽视了标准必要专利许可纠纷的特殊性，其在此基础上以合同履行地不在中国境内为由，否定中国法院对该案的管辖权，理据不足，法院不予支持。

（2）一审法院对该案行使管辖权是否适当。

康文森公司主张，一审裁定以中兴公司无线通信产品的研发地和生产地、合同谈判地及履行地确定本案管辖，缺乏依据；该案合同履行地应为康文森公司住所地，一审法院对该案不具有管辖权。对此，法院分析如下。

第一，标准必要专利许可纠纷具有特殊性。前已述及，标准必要专利许可纠纷是兼具合同纠纷和专利侵权纠纷特点的特殊纠纷类型。当对许可标的或者许可条件发生争议时，审理法院可能需要审查许可专利的法律效力、该专利是否为实施标准所必需、标准实施者实施相关标准及专利的情况、协议的具体内容等事实问题。因此，标准必要专利纠纷应由中国哪个法院管辖，可以根据具体情况考虑许可标的所在地、专利实施地、合同签订地、合同履行地等连结点。该案中，中兴公司位于广东省深圳市，其在该地实施该案所涉标准必要专利。一审法院作为专利实施地法院，对该案具有管辖权。产品研发地、生产地属于专利实施地，一审法院以此确定本案管辖权，并无不当。康文森公司关于原审裁定以中兴公司产品研发地和生产地确定该案管辖缺乏依据的主张，本质上是将标准必要专利许可纠纷作为纯粹的合同纠纷对待，与标准必要专利许可纠纷的特质不符，法院不予支持。

第二，关于标准必要专利许可纠纷的合同履行地问题。首先，该案中双方当事人尚未达成许可协议。因此，该案不适宜将合同履行地作为案件管辖连结点。其次，该案中双方当事人争议的对象不仅可能涉及许可费用的支付，还可能涉及作为许可标的的专利是否属于真正的标准必要专利及其有效性问题。在争议对象不仅涉及许可费用的确定与支付时，难以适用《最高人民法院关于适用〈中华人民共和国民事诉讼法〉的解释》第十八条的规定，将接收货币一方所在地作为合同履行地。康文森公司关于该案合同履行地应为其公司住所地并以此确定管辖法院的上诉理由不能成立，法院不予支持。

典型案例：OPPO广东移动通信有限公司（以下简称"OPPO公司"）等与夏普株式会社（以下简称"夏普公司"）等公司标准必要专利许可纠纷案。

基本案情：原告OPPO公司是一家在全球范围内提供产品和服务的智能终端设备制造商和移动互联网服务提供商。被告夏普公司是涉案专利的专利权人，是电气与电子工程师协会（IEEE）、欧洲电信标准协会（ETSI）等国际标准组织成员，其承诺对所持有的标准必要专利将按照公平、合理、无歧视的许可条件向实施者发放许可。2018年10月，夏普公司向OPPO公司发邮件要求就其许可OPPO公司实施相关标准必要专利的事宜进行商谈，双方开始进行标准必要专利许可谈判。在双方谈判即将进入技术澄清的实质阶段之时，夏普公司就该案涉案专利于2020年1月向日本东京地方裁判所针对OPPO公司提起专利侵权诉讼并要求司法禁令，并于当年3月、4月分别向德国慕尼黑法院和曼海姆地区法院、中国台湾地区新北市相关机构提起专利侵权诉讼。OPPO公司认为夏普公司单方面就谈判范围内的专利提起诉讼并要求禁令的行为违反了FRAND义务，该公司及其深圳分公司遂于2020年3月25日以夏普公司和赛恩倍吉日本株式会社为被告在深圳市中级人民法院提起诉讼，请求法院就夏普公司拥有的相关标准必要专利对OPPO公司进行许可的全球费率作出裁判，并提出行为保全申请。

法院裁判：深圳市中级人民法院裁定驳回被告提出的管辖权异议，其具体理由如下。

第一，针对该案是否具有可诉性的问题。首先，《民事诉讼法》第一百一十九条规定"起诉必须符合下列条件：（一）原告是与本案有直接利害关系的公民、法人和其他组织；（二）有明确的被告；（三）有具体的诉讼请求和事实、理由；（四）属于人民法院受理民事诉讼的范围和受诉人民法院管辖"。

两原告系与该案有利害关系的法人，有明确的被告及具体的诉讼请求及事实理由，故两原告依法提起该案诉讼，符合法律规定。其次，《最高人民法院关于审理侵犯专利权纠纷案件应用法律若干问题的解释（二）》第二十四条规定，本条第二款所称实施许可条件，应当由专利权人、被诉侵权人协商确定。经充分协商，仍无法达成一致的，可以请求人民法院确定。根据原告、被告双方提交的邮件往来等初步证据证实双方从 2018 年 7 月起即开始协商相关许可条件等问题，但直至本裁定发出之日，双方仍未达成任何实质性的许可协议，故原告请求人民法院确认被告违反 FRAND 义务或违反诚实信用原则并确定标准必要专利的实施许可条件，具有可诉的事实和法律依据。

第二，关于中国法院对该案是否有管辖权的问题。《民事诉讼法》第二百六十五条规定"因合同纠纷或者其他财产权益纠纷，对在中华人民共和国领域内没有住所的被告提起的诉讼，如果合同在中华人民共和国领域内签订或者履行，或者诉讼标的物在中华人民共和国领域内，或者被告在中华人民共和国领域内有可供扣押的财产，或者被告在中华人民共和国领域内设有代表机构，可以由合同签订地、合同履行地、诉讼标的物所在地、可供扣押财产所在地、侵权行为地或者代表机构住所地人民法院管辖"。鉴于标准必要专利许可纠纷既非典型合同纠纷又非典型侵权纠纷这一特性，在确定管辖时也应考虑许可标的所在地、专利实施地、合同签订地、合同履行地等是否在中国境内，即标准必要专利许可纠纷是否与中国存在适当联系。只要前述地点之一在中国境内，则应认为该案件与中国存在适当联系，中国法院即对该案件具有管辖权。首先，该案原告 OPPO 公司和 OPPO 深圳公司皆为中国公司，其生产和研发行为都发生在中国，即涉案专利的实施地为中国。该案被告夏普株式会社为在中国境内没有住所的外国企业，但两被告为中国专利的专利权人，在中国境内具有财产性权益。中国属于诉讼标的物所在地、可供扣押的财产所在地。前述连结点均在中国境内，因此，该案与中国存在适当联系，中国法院具有该案的管辖权。关于被告主张将中国区域内的中国专利许可条件和全球范围的专利许可条件分离裁判的异议理由，法院认为，现有证据表明双方在此前的许可谈判中，明确合同标的为被告夏普株式会社所有的 WiFi

标准、3G 标准以及 4G 标准相关标准必要专利在全球范围内的许可条件，被告该管辖权异议理由与之前双方协商订立的许可合同根本目的不符。其次，该案涉案的智能终端产品的制造地和主要销售区域亦在中国，根据 OPPO 公司提供的证据，其智能终端中国区域的销量远高于被告选择起诉的国家和地区（截至 2019 年 12 月 31 日，OPPO 公司在欧洲的销售占比为 0.21%，在中国的销售占比为 71.08%，在日本的销售占比为 0.07%），该案标准必要专利许可纠纷显然与中国具有最密切联系，中国法院对查明原告实施涉案标准必要专利的情况，显然更为便利和直接。最后，由法院裁判全球费率有助于整体效率提升，可以从本质上解决原、被告之间的纠纷，有效避免双方当事人在不同国家多次诉讼，也更符合 FRAND 原则的本意。故被告该管辖权异议的理由法院不予采纳。

第三，关于深圳市中级人民法院对该案是否有管辖权的问题。标准必要专利许可纠纷具有特殊性，当对许可标的或许可条件发生争议时，审理法院须审查许可专利的法律效力、该专利是否为实施标准所必需、标准实施者实施相关专利的情况、协议的具体内容等事实问题。因此，关于标准必要专利纠纷应由哪个法院管辖，应根据具体情况考虑许可标的所在地、专利实施地、合同签订地、合同履行地等连结点。具体到该案，首先，OPPO 深圳公司的注册地为深圳，其经营行为涵盖了通信终端设备的研发和销售，是涉案专利在中国的实施主体之一。因此，深圳是涉案专利的实施地，深圳市中级人民法院作为专利实施地法院，对该案具有管辖权。其次，OPPO 深圳公司负责协助原告 OPPO 公司的知识产权相关管理工作，包括知识产权的许可、运营等，原告与被告夏普公司授权的谈判代理即赛恩倍吉日本株式会社的会面谈判地点为 OPPO 深圳公司办公室，即南山区海德三道 126 号卓越后海中心。被告夏普公司将授权谈判代理变更为麦克斯公司（MiiCs）后，双方的会面谈判地点亦系 OPPO 深圳公司办公室。因此，深圳是双方谈判行为发生地，亦属于履行义务最能体现该合同特征的履行地。因此，深圳市中级人民法院系审理该案标准必要专利许可纠纷更便利的法院。

第四，关于被告所提出的管辖权异议理由，法院评述如下：关于被告所提深圳市中级人民法院对该案的侵权纠纷没有管辖权、对该案的标准必要专利许可纠纷也没有管辖权的异议理由,法院已着重阐述了标准必要专利许可纠纷的特性,亦明确在确定管辖法院时不能简单按侵权纠纷来处理,而应结合其非典型合同纠纷的特性加以综合考虑;同时,从该案的可诉性、中国法院的管辖权、深圳市中级人民法院的管辖权三个维度阐明本院的管辖依据。该案中,根据前文所述,被告的上述管辖权异议理由,法院不予采纳。关于被告所提出的该案侵权和合同两个法律关系不能同案审理的异议理由,法院认为,标准必要专利权人与实施者在标准必要专利许可谈判中就许可使用条件发生的争议,属于标准必要专利许可纠纷,并非典型的侵权纠纷或合同纠纷。被告夏普公司作为 IEEE 标准协会和 ETSI 标准协会的会员,其在相关标准组织作出 FRAND/RAND 声明时,潜在的被许可人即因此产生信赖利益,标准必要专利权人有义务按照 FRAND/RAND 声明的内容与被许可人进行标准必要专利的许可谈判。这种义务应当被视为合同法上的先合同义务。基于谈判双方实际接触和磋商关系以及对 FRAND/RAND 声明的特殊信赖关系,当标准必要专利权人违反 FRAND/RAND 原则和诚实信用原则,给标准必要专利实施者造成经济损失时,原告可以请求其承担缔约过失责任。因此,该案原告的第一项诉讼请求系要求被告承担缔约过失责任,并非典型的侵权请求权,故不适用《民事诉讼法》第二十八条的规定,且与同案请求裁判标准必要专利的许可条件并不矛盾,基于同一事实、同一当事人,可以一并审理。关于被告所提因原告 OPPO 公司注册地在东莞,故该案应当移送广州知识产权法院管辖的异议理由,法院认为:首先,法院对该案依法享有管辖权;其次,即使广州知识产权法院对该案也享有管辖权,根据《民事诉讼法》第三十五条的规定"对两个以上人民法院都有管辖权的诉讼,原告可以向其中一个人民法院起诉"。原告选择本院提起诉讼,系其对自身享有的诉讼权利的处分,符合法律规定,两被告在深圳市中级人民法院已立案后要求将该案移送广州知识产权法院管辖的主张,不符合法律规定,法院不予采纳。关于被告赛恩倍吉日本株式会社单独提出的其与本案纠纷没有关系,不应当成为该案被告的管辖权异议理由,法院认为,被告赛恩倍吉日本株式会社最终是否与原告诉请事实存在实质性关联，与案件管辖权的确定无关，该案尚未进入实质性审理阶段，被告赛恩倍吉日本株式会社所提的其与案件纠纷无关的主张，属于事实抗辩，不属于管辖权异议程序解决的问题，法院不予采纳。

2. 标准必要专利纠纷诉讼不方便法院管辖原则的适用

典型案例：康文森无线许可有限公司（以下简称"康文森公司"）与中兴通讯股份有限公司（以下简称"中兴公司"）专利合同纠纷上诉案❶。

基本案情：在该案中，康文森公司主张，中兴公司的诉讼请求与康文森公司在英国诉讼中的诉讼请求存在重叠；在先英国诉讼已取得显著进展且双方均为推动诉讼耗费了大量成本，英国法院是管辖该案更适宜的法院。

法院裁判：最高人民法院认为：第一，国外正在进行的平行诉讼不影响中国法院对案件的管辖权。《最高人民法院关于适用〈中华人民共和国民事诉讼法〉的解释》第五百三十三条第一款规定："中华人民共和国法院和外国法院都有管辖权的案件，一方当事人向外国法院起诉，而另一方当事人向中华人民共和国法院起诉的，人民法院可予受理。判决后，外国法院申请或者当事人请求人民法院承认和执行外国法院对本案作出的判决、裁定的，不予准许；但双方共同缔结或者参加的国际条约另有规定的除外。"根据上述规定，即便某个案件的平行诉讼正在外国法院审理，只要中国法院对该案件依法具有管辖权，外国法院的平行诉讼原则上不影响中国法院受理该案。据此，无论本案与关联的英国诉讼是否存在重叠，均不影响原审法院受理该案。康文森公司的相关上诉理由不能成立，法院不予支持。

第二，该案不符合不方便法院原则的适用条件。《最高人民法院关于适用〈中华人民共和国民事诉讼法〉的解释》第五百三十二条规定"涉外民事案件同时符合下列情形的，人民法院可以裁定驳回原告的起诉，告知其向更方便的外国法院提起诉讼：（一）被告提出案件应由更方便外国法院管辖的请求，或者提出管辖异议；（二）当事人之间不存在选择中华人民共和国法院管辖的协议；（三）案件不属于中华人民共和国法院专属管辖；（四）案件不涉

---

❶ 参见最高人民法院（2019）最高法知民辖终 157 号民事裁定书。

及中华人民共和国国家、公民、法人或者其他组织的利益；（五）案件争议的主要事实不是发生在中华人民共和国境内，且案件不适用中华人民共和国法律，人民法院审理案件在认定事实和适用法律方面存在重大困难；（六）外国法院对案件享有管辖权，且审理该案件更加方便"。根据上述规定，不方便法院原则的适用，需要同时满足上述六个条件，且主张适用该原则的被告应对此承担证明责任。该案中，法院注意到如下事实：（1）中兴公司的注册登记地在中国，该案涉及中国法人的利益；（2）争议的主要事实发生在中国境内，包括标准必要专利是否实施、作为许可标的的专利是否有效、是否标准必要专利等；（3）康文森公司所提交的证据不能证明中国法院在认定事实和适用法律方面存在重大困难；（4）康文森公司所提交的证据不能证明英国法院审理该案更为便利。该案涉及中国标准必要专利许可问题，在中兴公司对于许可标的是否标准必要专利及其效力问题提出质疑的情况下，英国法院对此问题的审理不比中国法院更为便利。同时，中兴公司的经营收入60%来自中国，来自英国的经营收入占比不足0.1%，中兴公司支付的许可费用必然主要基于其在中国境内实施康文森公司标准必要专利的行为。该案标准必要专利许可纠纷显然与中国具有更密切的联系，中国法院审理更为便利。康文森公司关于本案应驳回起诉并告知中兴公司向更方便的外国法院起诉的主张不能成立，法院不予支持。

3. 禁诉令、禁执令申请的审查

典型案例：中兴通讯股份有限公司（以下简称"中兴公司"）与康文森无线许可有限公司（以下简称"康文森公司"）标准必要专利许可纠纷案❶。

基本案情：该案中，中兴公司在深圳市中级人民法院起诉康文森公司之后，康文森公司于2018年4月20日向德国杜塞尔多夫地区法院（以下简称"杜塞尔多夫法院"）针对中兴公司及其德国关联公司提起侵害标准必要专利权纠纷诉讼。2020年8月27日，杜塞尔多夫地区法院作出一审判决，认定中兴公司及其德国关联公司侵害了康文森公司欧洲专利EP1797659，判令禁止中

---

❶ 参见深圳市中级人民法院（2018）粤03民初335号民事裁定书。

兴公司及其德国关联公司在德国境内提供、销售、使用、进口或拥有带有UMTS功能的智能手机等移动终端产品。该禁令判决康文森公司可以在提供70万欧元后获得临时执行。

中兴公司于2020年8月28日向深圳市中级人民法院提出行为保全申请，请求责令被申请人康文森公司在该案终审判决作出之前不得申请执行德国杜塞尔多夫法院就康文森公司诉中兴公司及其德国关联公司侵害标准必要专利权纠纷案作出的停止侵权判决。中兴公司提供600万元人民币保函作为担保。

法院裁判：中兴公司提出的关于禁止康文森公司在该案终审判决作出之前申请执行杜塞尔多夫法院判决的行为保全申请，应予支持，理由如下：

（1）关于申请执行德国法院判决对该案的影响。杜塞尔多夫法院停止侵权的一审判决已经作出，一旦康文森公司申请执行杜塞尔多夫法院停止侵权的判决，将很有可能阻碍该案的审理及裁判的执行，从而导致该案的审理和判决失去意义。从诉讼主体看，该案当事人为中兴公司和康文森公司，德国诉讼当事人为康文森公司和中兴公司及其德国关联公司，两国诉讼的当事人基本相同。从诉讼请求看，该案中兴公司请求就康文森公司的中国标准必要专利确定许可使用费率及许可条件；在德国诉讼中，康文森公司主张中兴公司及其德国关联公司侵害康文森公司的标准必要专利权，请求杜塞尔多夫法院判令中兴公司及其德国关联公司停止侵权。从审理的内容看，杜塞尔多夫法院作出停止侵权的判决，须以判断康文森公司、中兴公司在进行标准必要专利许可谈判时提出的报价是否符合FRAND原则为条件；而该案判决则涉及康文森公司拥有的中国标准必要专利给予中兴公司以FRAND许可报价的确定问题，两案审理的内容部分重合。鉴于两案存在紧密联系，一旦康文森公司申请执行杜塞尔多夫法院的停止侵权判决并获得准许，将对该案的审理产生消极影响。

（2）采取行为保全措施是否确属必要。一旦康文森公司申请执行杜塞尔多夫法院的停止侵权判决并获得准许，中兴公司及其德国关联公司将仅有两种选择，要么被迫退出德国市场，要么被迫接受康文森公司报价与之达成和解。对于前种情形，中兴公司及其德国关联公司因退出德国市场所遭受的市场损失和失去的商业机会难以在事后通过金钱获得弥补。对于后种情形,中兴公司及其德国关联公司因受到停止侵权判决的压力,将不得不接受康文森公司提出的专利许可报价。由于康文森公司的报价比华为案所确定的报价高达十几倍,而中兴公司与华为公司具有一定的可比性,这意味着中兴公司很可能被迫放弃该案的法律救济机会。如此一来,无论该案如何认定中国费率,该案判决事实上将难以获得执行。上述两种情形都将使中兴公司遭受难以弥补的损害,该案采取行为保全措施确属必要且情况紧急。

(3)行为保全对申请人和被申请人利益影响的考量。一旦康文森公司申请执行杜塞尔多夫法院的停止侵权判决并获得准许,如深圳市中级人民法院不采取相应行为保全措施,则中兴公司及其德国关联公司将遭受被迫退出德国市场,或者遭受被迫接受康文森公司报价而放弃在中国法院寻求法律救济的机会。而对康文森公司来说,如果深圳市中级人民法院采取行为保全措施,对康文森公司的损害仅仅是暂缓执行杜塞尔多夫法院的一审判决。杜塞尔多夫法院的判决并非终审判决,暂缓执行该判决并不影响康文森公司在德国的其他诉讼权益。同时,康文森公司作为标准必要专利权人,其在德国诉讼的核心利益是获得经济赔偿,暂缓执行杜塞尔多夫法院的停止侵权判决对于康文森公司造成的损害较为有限。两者相比较,不采取行为保全措施对中兴公司造成的损害明显超过采取行为保全措施对康文森公司的损害,故采取行为保全措施具有合理性。同时,中兴公司为该案的保全行为提供了相应担保,可依法保障康文森公司的利益。

(4)采取行为保全措施是否会损害公共利益。该案及德国诉讼主要涉及中兴公司和康文森公司的利益,该案行为保全的对象是禁止康文森公司在该案终审判决作出前申请执行杜塞尔多夫法院的停止侵权判决,不影响公共利益。

(5)国际礼让因素的考量。该案受理时间为2018年1月,德国诉讼受理的时间为2018年4月,该案受理在先。深圳市中级人民法院禁止康文森公司于该案终审判决作出之前申请执行杜塞尔多夫法院的停止侵权判决,既不影响德国诉讼的后续审理程序,也不会减损德国判决的法律效力,仅仅是暂缓了其判决执行,对杜塞尔多夫法院案件审理和裁判的影响尚在适度范围之内。

4. 商标侵权诉讼的原告适格

典型案例：太古集团、太古汇公司诉船舶大厦侵害商标权及不正当竞争纠纷案[1]。

基本案情：太古集团、太古汇公司以船舶大厦侵害其注册商标权及构成不正当竞争为由提起诉讼。船舶大厦辩称其行为不构成侵权，同时辩称太古汇公司不具备适格的诉讼主体资格。

法院裁判：关于太古汇公司诉讼主体资格是否适格的问题，广州知识产权法院认为，《商标法》第四十三条规定，商标注册人可以通过签订商标使用许可合同，许可他人使用其注册商标……许可他人使用其注册商标的，许可人应当将其商标使用许可报商标局备案，由商标局公告。《商标法》第六十条规定，有侵犯注册商标专用权行为引起纠纷的，商标注册人或者利害关系人可以向人民法院起诉。《最高人民法院关于审理商标民事纠纷案件适用法律若干问题的解释》第四条规定，利害关系人包括注册商标使用许可合同的被许可人；普通使用许可合同的被许可人经商标注册人明确授权，可以提起诉讼。该案中，太古集团与太古汇公司于2011年2月21日签订商标许可协议，太古集团许可太古汇公司以非独占性使用涉案商标于被许可的商品及服务。商标许可协议经国家工商行政管理总局商标局审核备案，许可期限为2010年11月14日至2020年11月13日。太古集团与太古汇公司签订的商标许可协议中约定许可类型为非独占性许可，因排他使用许可应有明确的约定，因此太古集团许可太古汇公司的非独占性许可的许可类型为普通使用许可。太古集团是注册商标权利人，有权就商标侵权向人民法院提起诉讼。关于太古汇公司是否有权提起该案商标侵权诉讼的问题，依据《最高人民法院关于审理商标民事纠纷案件适用法律若干问题的解释》第四条规定，普通使用许可合同的被许可人经商标注册人明确授权，可以提起诉讼。该案中，太古汇公司作为普通使用许可合同的被许可人须经商标权人的明确授权，方可以提起该案诉

---

[1] 参见广州知识产权法院（2017）粤73民初37号、广东省高级人民法院（2019）粤民终2590号民事判决书。

讼。但太古集团与太古汇公司签订的商标许可协议中并无关于授权太古汇公司的约定，太古汇公司也未提交太古集团授权其提起该案诉讼的证据。现无证据证明太古汇公司得到太古集团的明确授权，太古汇公司无权对涉案注册商标主张权利并提起该案诉讼。

广东省高级人民法院则认为，该案太古汇公司除主张字号相关权益外，还主张商标权，一审法院以"无证据证明太古汇公司得到太古集团的明确授权"为由，认为太古汇公司无权对涉案注册商标主张权利并提起该案诉讼，太古汇公司对此提出上诉。《最高人民法院关于审理商标民事纠纷案件适用法律若干问题的解释》第四条规定"商标法第五十三条规定的利害关系人，包括注册商标使用许可合同的被许可人、注册商标财产权利的合法继承人等。在发生注册商标专用权被侵害时，独占使用许可合同的被许可人可以向人民法院提起诉讼；排他使用许可合同的被许可人可以和商标注册人共同起诉，也可以在商标注册人不起诉的情况下，自行提起诉讼；普通使用许可合同的被许可人经商标注册人明确授权，可以提起诉讼"。民事主体是否享有诉权，不仅与实体权利有关，还关系到诉讼秩序安排，上述司法解释已明确，普通使用许可合同的被许可人经商标注册人明确授权，可以提起诉讼。该案太古汇公司作为涉案商标的"非独占使用"被许可人，属于普通使用许可合同的被许可人，太古集团、太古汇公司以同一份起诉状提起诉讼，作出相同诉讼请求和事由的意思表示，二审诉讼中太古集团已出具授权书，明确授权太古汇公司以自己的名义参加诉讼并追认此前的诉讼行为效力，因此法院认为太古汇公司就涉案注册商标提起诉讼，主体资格符合法定条件。

五、2020年广东涉外知识产权纠纷案件的启示和建议

（一）始终坚持司法主权原则，进一步强化涉外知识产权审判的管辖权

司法状况是营商环境的重要组成部分，我国涉外知识产权审判为实施创新驱动发展战略、培育稳定公平透明可预期的营商环境提供了有力司法保障。虽然从我国的司法实践来看，涉外知识产权诉讼多数是外国企业针对国内企业、个人提起的诉讼，但我们同时也应注意到，随着我国经济的不断发展，

企业的不断壮大，我国企业在国内诉外国企业的情形也不断出现，诉讼以标准必要专利纠纷为主。例如，OPPO 公司以夏普公司等为被告在深圳市中级人民法院提起标准必要专利许可纠纷诉讼，请求法院依法对涉案标准必要专利全球许可费率作出裁判。我国越来越多的企业在国内法院起诉国外公司的现象说明，涉外知识产权审判并非仅仅是国外企业知识产权维权的利器，其同时也为我国企业积极参与国际竞争，维护自身合法权益提供了重要的司法保障。因此，我们应当始终坚持司法主权原则，依法行使涉外知识产权审判管辖权，不断提升我国司法的国际地位和话语权。

（二）进一步完善诉讼制度，提升知识产权保护水平

近年来，我国知识产权法律制度不断完善，知识产权司法保护水平不断提升。但同时我们也应当注意到，我国知识产权司法审判制度中还存在一些不足之处，这使得我国企业在国际平行诉讼的知识产权纠纷中处于劣势地位。以停止侵权请求权的实现为例，在知识产权维权诉讼中，对于权利人而言，行为人停止实施侵权行为在许多时候比赔偿权利人损失更为重要。但基于二审终审制度，一审判决被告停止侵权的情况下，只要一方提起上诉，该停止侵权的判决就不会发生法律效力，被告仍然可以继续实施侵权行为。虽然我国的行为保全（禁令）制度可以在一定程度上解决这一问题，但基于各方面的原因，司法实践中原告提出的诉前或者诉讼中的行为保全申请较少能够得到法院的支持，使得权利人停止侵权的请求权无法及时得到实现。例如，在前文已经提到的中兴公司诉康文森公司标准必要专利许可纠纷案[1]中，中兴公司在深圳市中级人民法院起诉康文森公司之后，康文森公司于 2018 年 4 月 20 日向德国杜塞尔多夫法院针对中兴公司及其德国关联公司提起侵害标准必要专利权纠纷诉讼。2020 年 8 月 27 日，杜塞尔多夫地区法院作出一审判决，认定中兴公司及其德国关联公司侵害了康文森公司的 EP1797659 欧洲专利，判令禁止中兴公司及其德国关联公司在德国境内提供、销售、使用、进口或拥有带有 UMTS 功能的智能手机等移动终端产品。由于德国民事诉讼法规定了

---

[1] 参见深圳市中级人民法院（2018）粤 03 民初 335 号之一民事裁定书。

假执行制度，在一审判决后，康文森公司就可以在提供70万欧元后获得临时执行。后来中兴公司虽然通过向深圳市中级人民法院提出所谓的"禁执令"申请并最终获得法院的支持而解决了这一问题。但该案也给我们敲响了警钟，即在实现权利人的停止侵害请求权的实现方面，我国的诉讼制度与德国等国的制度相比，似乎没有优势反而处于劣势地位。

（三）牢固树立自主创新的理念，不断增强创新的能力

自主创新是攀登世界科技高峰的必由之路，而在自主创新的过程中，居于核心地位的正是知识产权意识，它是一切创新的基础。通过分析2020年广东法院审理的涉外知识产权案件不难发现，我国的一些企业经营者、个体经营者不仅创新能力低下，而且创新意识严重匮乏，甚至认为投入资金研发产品是一种浪费，经济回报远不如"傍名牌""搭便车"来得快，"贴牌生产"在中小企业中十分普遍。这些"贴牌企业"不注重提高产品附加值和竞争力，导致产品始终停留在简单加工、摹仿的层面，面临巨大的知识产权风险。

可见，我国许多中小企业处于"非知识产权"的管理状态，"傍名牌""贴标签""搭便车"的行为不仅须承担相应的赔偿责任，而且导致企业品牌、商誉被贬低，影响企业的进一步发展与壮大，可谓得不偿失。

在如今国际产业分工越来越细的背景下，知识产权已经成为国际产业分工利益链上参与高端竞争的最重要的要素，其竞争力要远远高于劳动力、资本、土地等传统要素。在当今的知识经济时代中，知识产权是知识经济的重要组成内容，它是一种以公开换保护的独占权，是一种合法的垄断权，能够产生巨大的经济效益。如果一个企业对知识产权的研发和保护不屑一顾，就相当于放弃了核心技术，迟早会被市场抛弃。因此，我国的企业应当在思想上真正重视知识产权的作用，重视对知识产权的保护，转变热衷于拼劳动力成本、拼资源消耗，而忽视知识产权创新的老路子，杜绝照搬照抄，切忌将侵权视作成功的捷径，而将自主投资研发视作无用的付出。

（四）不断增强法律风险意识，避免有意和无意侵权

1. 重视知识产权法律风险，避免有意的知识产权侵权

现实生活中，一些企业和个人在生产经营过程中，有意甚至恶意抄袭他

人的技术方案、设计方案和作品，有意甚至恶意"傍名牌""搭便车"，通过侵犯他人的知识产权而谋求不当甚至非法利益。实际上，这些貌似普通的牟利行为，面临非常大的法律风险，行为人不仅仅会因此承担一定的民事责任，还可能因此而受到行政处罚，甚至可能因此而构成刑事犯罪。

2. 建立知识产权风险预防制度，防止无意的知识产权侵权

企业在生产经营的过程中，不仅要杜绝"傍名牌""贴标签""搭便车"这些低劣的恶意侵权行为，也要加强对知识产权保护制度的了解，增强法律意识，防止企业因可以避免的违法性的认识错误而侵犯他人的知识产权。如何才能避免因违法性认识错误而无意侵犯他人知识产权？首先，企业要加强企业内部的知识产权人才队伍建设，要定期组织对企业研发人员知识产权法的培训，提高企业内部人员的法治意识和法律水平，形成保护知识产权的企业文化。其次，企业要结合自己所处的行业、产品类型，通过配备专职的法律工作人员或委托第三方专业机构等方式建立、健全自己的知识产权预防机制。在准备研发新产品、新技术前，应利用该机制对类似产品的知识产权进行检索，提前了解市场上的专利壁垒。这样既能避免盲目投入大额资金重复研制现存技术，又能有效减少被诉侵权的风险。最后，企业管理者也要提高知识产权保护意识，增强对知识产权侵权的风险控制和风险管理的能力。在企业日常经营管理决策中要充分地考虑知识产权问题，将知识产权风险防范作为一项常规的管理工作，进而提高企业对知识产权风险的整体防控能力。

（五）积极应对知识产权侵权指控，采取各种积极措施化解知识产权诉讼风险

在企业的生产经营过程中，与他人发生知识产权侵权纠纷的情况难以完全避免。因此，应当针对不同情形，采取相应的策略，依法维护自身的合法权益，降低可能的法律风险。

1. 积极应对，采取各种措施维护自身的合法权益

面对不实和不确定的知识产权警告和诉讼，企业应积极应诉，绝不可以消极避战。一是要高度重视知识产权侵权警告和诉讼，聘请专业人员，积极收集相关的证据，全面研究分析相关的法律和技术专业问题，力争从根本上

否认对方的侵权指控；二是要积极提出各种抗辩主张，力求减轻或免除自己的赔偿责任；三是适时主动进攻，申请宣告对方权利无效或者撤销对方的相应权利，必要时可以提起知识产权确认不侵权之诉，积极主动化解知识产权侵权风险。

2. 知错能改，力争将风险和损失降到最低

面对败诉风险高及确定败诉的知识产权诉讼，可积极谋求和解，绝不可死扛到底。有些企业和个人心存侥幸心理，通过侵犯他人知识产权的方式谋求利益。在其侵权行为被发现并被诉至法院的情况下，如果仍然不思悔改，必然会受到法律的严惩，最终得不偿失。有些企业和个人由于法律意识的缺失，过失侵犯了他人的知识产权，在被诉至法院的时候，也将面临较大的败诉风险。在上述情形，涉嫌侵权的企业和个人最好通过向对方真诚地表示歉意，积极赔偿对方经济损失，承诺以后不再侵权等方式获取对方的谅解。实际上，许多知识产权权利人基于对诉讼成本以及侵权人承诺内容的考量，也会尽力促成和解，以最低的成本达到其追求的目的，而不会一味地坚持以诉讼的方式解决争端。当然，和解并非简单地息事宁人，化解眼前的纠纷和风险。实际上，很多时候双方当事人可将双方之间的对抗转化为合作，促进知识产权的运用和转化，实现当事人之间的共赢。

第二章　2020年广东涉外知识产权行政保护

一、引　言

新时代，我国知识产权行政保护呈现出保护目的定位在加快实现知识产权强国，保护对象覆盖知识产权整个生命周期，保护空间涵盖国内与国际、区域与跨区域等多个层次，保护主体涉及国家党政机关等多种类型，保护方式具有多元化和服务性，以及与刑事和民事等保护方式联动、互动等新局面。

广东省涉外知识产权行政保护所呈现的新局面富含实践特色、理论特色和时代特色，是与创新驱动发展要求相匹配、与强化政府公共服务职能相一致、深刻体现广东省特色的知识产权保护制度，表明广东省知识产权行政保护在整个国家知识产权治理体系中已经居于中心地位。广东涉外知识产权行政保护的目的旨在凸显知识产权行政保护的价值，它在知识产权行政保护体系中居于基础性地位，因为"目的是法律制度的创造者，如果没有赋予法条（法律概念）一个目的，也就是赋予其来源一个实践的动机，就没有法条（法律概念）"。对于传统知识产权行政保护的目的，知识产权法律工作者的回答大同小异，诸如依法处理各种知识产权纠纷、维护知识产权秩序、提高知识产权社会保护意识；纠正侵权违法行为、保护各方合法权益；对知识产权纠纷的行政处理、对知识产权违法行为的行政查处。考察这些观点可以发现，知识产权工作者之前只偏向于将知识产权行政保护的目的定位于解决知识产权侵权纠纷。这背后隐含着知识产权本质上属于一种私权、国家行政权力应当保持"克制"的观念。

二、2020 年广东涉外知识产权行政保护制度建设

（一）全国性涉外知识产权行政保护制度建设

全国性涉外知识产权行政保护制度建设可为广东涉外知识产权保护提供有益借鉴。2020 年 12 月 10 日，最高人民法院发布《知识产权判决执行工作指南》。❶ 为全面加强知识产权司法保护，服务创新发展，方便当事人向人民法院申请强制执行，确保知识产权案件生效裁判得到依法迅速执行，根据《民事诉讼法》《行政诉讼法》《刑事诉讼法》等规定，最高人民法院制定了《知识产权判决执行工作指南》。《知识产权判决执行工作指南》分别就知识产权行政案件的执行、知识产权案件的具体范围、知识产权民事案件的执行、知识产权刑事案件涉财产部分事项的执行的相关内容加以规定。《知识产权判决执行工作指南》可以为广东省强化涉外知识产权行政保护提供有益参考。

《最高人民法院关于在全国法院推进知识产权民事、行政和刑事案件审判"三合一"工作的意见》第 7 条和《知识产权判决执行工作指南》的规定，明确了知识产权案件的具体范围，即知识产权行政案件，当事人对行政机关就著作权、商标权、专利权、商业秘密、植物新品种和集成电路布图设计等知识产权以及不正当竞争等所作出的行政行为不服，向人民法院提起的行政纠纷案件。

1. 涉外知识产权行政案件执行

对于知识产权行政案件的执行，《知识产权判决执行工作指南》从强制执行主体、申请强制执行的期限、执行程序三个维度进行制定。

首先，关于知识产权行政案件的强制执行主体：根据《最高人民法院关于适用〈中华人民共和国行政诉讼法〉的解释》第一百五十二条、第一百五十四条规定，《知识产权判决执行工作指南》认为知识产权行政案件中，对发生法律效力的行政判决书、行政裁定书等，负有义务的一方当事人拒绝履行

---

❶ 2020 年 12 月，最高人民法院发布《知识产权判决执行工作指南》，指南就知识产权行政案件的执行作了具体规定。

的，对方当事人可以依法申请人民法院强制执行。人民法院判决行政机关履行给付义务，行政机关拒不履行的，对方当事人可以依法向法院申请强制执行。发生法律效力的行政判决书、行政裁定书等，由第一审人民法院执行。第一审人民法院认为情况特殊，需要由第二审人民法院执行的，可以报请第二审人民法院执行；第二审人民法院可以决定由其执行，也可以决定由第一审人民法院执行。

其次，关于知识产权行政案件申请强制执行的期限：依据《最高人民法院关于适用〈中华人民共和国行政诉讼法〉的解释》第一百五十三条规定，《知识产权判决执行工作指南》认为知识产权行政案件申请执行的期限为二年。申请执行时效的中止、中断，适用法律有关规定。申请执行的期限从法律文书规定的履行期间最后一日起计算；法律文书规定分期履行的，从规定的每次履行期间的最后一日起计算；法律文书中没有规定履行期限的，从该法律文书送达当事人之日起计算。逾期申请的，除有正当理由外，人民法院不予受理。

最后，关于知识产权行政案件的执行程序：依据《行政诉讼法》第一百零一条规定，人民法院办理知识产权行政执行案件，适用行政法、行政诉讼法及有关司法解释的规定；没有相应规定的，参照适用民事执行的有关规定。

2. 涉外知识产权行政案件的执行中申请保全

（1）诉讼保全申请、担保及其数额。依据《民事诉讼法》第一百条、《最高人民法院关于办理财产保全案件若干问题的规定》第五条、《最高人民法院关于审查知识产权纠纷行为保全案件适用法律若干问题的规定》第十一条等规定，在知识产权涉外行政保护案件中，可能因一方当事人的行为或者其他原因，使判决难以执行或者造成当事人其他损害的案件，对方当事人可以申请对其财产进行保全、责令其作出一定行为或者禁止其作出一定行为；当事人没有提出申请的，人民法院在必要时也可以裁定采取保全措施。人民法院采取保全措施，可以责令申请人提供担保，申请人不提供担保的，裁定驳回申请。

在涉外知识产权行政保护中，责令申请人提供财产保全担保的数额，不超过请求保全数额的 30%；申请保全的财产系争议标的的，担保数额不超过争议标的价值的 30%。责令申请人提供行为保全担保的数额，应当相当于被申请人可能因执行行为保全措施所遭受的损失，包括责令停止侵权行为所涉产品的销售收益、保管费用等合理损失。

（2）诉前保全申请、担保及其数额。依据《民事诉讼法》第一百零一条、《最高人民法院关于办理财产保全案件若干问题的规定》第五条、《最高人民法院关于审查知识产权纠纷行为保全案件适用法律若干问题的规定》第十一条等规定，在涉外知识产权行政保护案件中，利害关系人因情况紧急，不立即申请保全将会使其合法权益受到难以弥补的损害的，可以在提起诉讼前向被保全财产所在地、被申请人住所地或者对案件有管辖权的人民法院申请采取保全措施。申请人应当提供担保，不提供担保的，裁定驳回申请。

在涉外知识产权行政保护中，申请诉前财产保全，提供担保的数额应当相当于请求保全的数额；情况特殊的，人民法院可以酌情处理。申请诉前行为保全，提供担保的数额应当相当于被申请人可能因执行行为保全措施所遭受的损失。

（3）法院接受保全申请后如何采取措施。依据《民事诉讼法》第一百条和第一百零一条、《最高人民法院关于适用〈中华人民共和国民事诉讼法〉的解释》第一百五十六条、《最高人民法院关于审查知识产权纠纷行为保全案件适用法律若干问题的规定》第十五条等规定，在涉外知识产权行政保护案件中，人民法院接受申请后，在法定期限内作出裁定；裁定采取保全措施的，立即开始执行。人民法院采取保全的方法和措施，依照执行程序相关规定处理。

（二）广东省涉外知识产权行政保护制度建设

截至 2020 年，广东省委办公厅、省政府办公厅出台《关于强化知识产权保护的若干措施》，提出 24 条贯彻措施和 8 项重点任务。广东省高级人民法院发布《关于网络游戏民事纠纷案件的审判指引（试行）》，是国内首次专门针对游戏领域相关法律问题进行规范的司法文件。《广东省知识产权保护条例》《广东省版权条例》等地方性立法取得重大进展，知识产权保护的法治支撑得到进一步的强化。

1. 《2020 年度知识产权行政保护区域协作项目申报指南》

广东省市场监督管理局印发《2020 年度知识产权行政保护区域协作项目申报指南》，目的旨在贯彻落实省委省政府关于加快建设知识产权强省的工作部署，推动粤港澳大湾区建设，完善广东省知识产权行政保护机制，加强广东省知识产权保护区域协作工作。广东省市场监督管理局决定开展知识产权行政保护区域项目，制定该申报指南。

根据《国务院关于深化泛珠三角区域合作的指导意见》（国发〔2016〕18 号）、《粤港澳大湾区发展规划纲要》关于促进区域创新驱动发展、优化区域创新环境等工作任务，特此设立 2020 年度广东省知识产权行政保护区域协作项目。

2020 年度广东省知识产权行政保护区域协作项目的任务主要体现以下三个目标，其一，承接泛珠三角、粤港澳大湾区等知识产权行政保护区域协作相关工作。其二，组织落实广东省知识产权行政保护与司法保护衔接等相关任务。其三，征集、梳理广东省内企业知识产权行政保护维权典型案例，组织分析评议并在相关产业领域进行宣讲。其四，协助开展专利复审无效案件审理及调研等相关工作。

2. 《2020 年度广东省市场监督管理局知识产权海外护航项目申报指南》

为贯彻落实广东省委省政府关于加快建设知识产权强省的工作部署，大力支持广东省中小企业创新发展和提质增效，提升广东省企业海外知识产权维权能力，推动广东省出口贸易健康发展，增创广东开放型经济新优势，广东省市场监督管理局决定开展包括知识产权行政保护在内的知识产权海外护航项目，制定该申报指南。

《2020 年度广东省市场监督管理局知识产权海外护航项目申报指南》旨在支持广东省中小企业开展知识产权海外布局、知识产权行政保护以及维权工作，为广东省中小企业"走出去"保驾护航；开展重点出口产品专利预警分析，提升广东省企业知识产权风险防控和涉外纠纷应对能力，帮助广东省企业充分利用知识产权行政保护手段和策略参与国际竞争，为广东省企业开拓海外市场引领导航，推动增创广东开放型经济新优势。

根据《广东省人民政府办公厅关于印发广东省促进中小企业知识产权保护和利用若干政策措施的通知》（粤办函〔2019〕79号），广东省人民政府为进一步提升中小企业知识产权保护和利用水平，其中，加强知识产权海外维权工作要求，设立2020年度广东省市场监督管理局知识产权海外护航项目。

2020年度广东省市场监督管理局知识产权海外护航项目任务主要体现如下：围绕广东省近期遭受海外知识产权诉讼案件的企业的某项重点出口产品，深度开展专利预警分析服务，对海外知识产权行政保护在内的诉讼案件进行重点跟踪、研究和分析，提出广东省相关领域企业的应对策略。

3. 广东省知识产权局关于转发国家知识产权局评选第二十二届中国专利奖的通知

中国专利金奖、银奖、优秀奖从发明专利和实用新型专利中评选产生，其中，中国专利金奖项目不超过30项，中国专利银奖项目不超过60项。中国外观设计金奖、银奖、优秀奖从外观设计专利中评选产生，其中，中国外观设计金奖项目不超过10项，中国外观设计银奖项目不超过15项。

广东省推荐工作应以高质量发展为导向，优先推荐在基础研究、应用基础研究、关键核心技术攻关等方面形成的核心专利。各地级以上市知识产权局要组建专利奖推荐工作专班，相关领导亲自抓，全面摸查辖区内创新主体情况，广泛发动、重点挖掘、主动服务、上门指导，积极组织高技术、高质量、高价值的专利项目申报；省级知识产权行业协会、省内知识产权服务机构要面向本行业领域创新主体会员单位、服务对象大力开展宣传发动工作，积极组织优秀专利项目申报。

广东省知识产权局有发明、实用新型专利推荐名额20个、外观设计专利推荐名额12个，合计32个。使用省知识产权局推荐名额的项目，省知识产权局将进行广泛征集，对征集到的项目进行审核后，组织开展专家评审，择优遴选推荐。第六届、第七届"广东专利奖"和第一届、第二届"粤港澳大湾区高价值专利培育布局大赛"获奖项目，尤其是金奖项目，同等条件下优先推荐。

(三) 广东省各地级市涉外知识产权行政保护制度建设

1. 国家知识产权局关于同意建设中国（广州）、（珠海）、（汕头）知识产权保护中心的批复

广东省即将拥有六个知识产权保护中心，已有的三个分别是中国（广东）知识产权保护中心、中国（深圳）知识产权保护中心、中国（佛山）知识产权保护中心。

一方面，经研究，国家知识产权局同意建设中国（广州）知识产权保护中心，面向高端装备制造产业和新材料产业开展知识产权快速协同保护工作。为了加快启动中国（广州）保护中心筹建工作，加强基础条件建设，确保人员、专项经费、办公场地、办公设备符合标准要求，开展针对性业务培训；结合高端装备制造产业和新材料产业发展实际，建立健全知识产权快速协同保护各项工作制度，规范工作流程和程序。

另一方面，自国家知识产权局启动知识产权保护中心申报以来，珠海市高度重视并全力推进保护中心申建工作。珠海市主要领导亲自赴京请示汇报、沟通协调，不断完善建设方案，积极落实机构编制，提高经费水平，加强场地保障。在广东省知识产权局的大力支持下，经过不懈努力，中国（珠海）知识产权保护中心得以正式获批。

高端装备制造产业和家电电气产业是珠海市重点支柱产业。2019 年，珠海市地区生产总值突破 3435.89 亿元，同比增长 6.8%，全市实现规模以上工业企业增加值 1133.54 亿元，同比增长 4.0%。全市六大支柱产业（电子信息、生物医药、家电电气、电力能源、石油化工和精密机械制造）累计完成工业增加值 804.32 亿元，同比增长 5.1%。高端装备制造、家电电气等产业创新活力不断增强，对知识产权保护需求强烈。

据统计，2009—2019 年，高端装备制造产业累计申请专利 27281 件，专利授权 16985 件，分别占全市总量的 18.18% 和 19.05%；家电电气产业累计申请专利 54074 件，专利授权 31353 件，分别占全市总量的 36.03% 和 35.17%。

保护中心同时兼具珠海市知识产权保护中心职责，承担知识产权战略实施和知识产权强市建设相关工作任务，是珠海建设国家知识产权示范城市的

有力支撑。接下来，珠海市将深入贯彻落实党中央、国务院关于实行严格的知识产权保护的决策部署和《关于强化知识产权保护的意见》精神，严格按照国家知识产权局要求，加快保护中心建设工作，围绕珠海市产业发展需求和强市建设目标，高标准建设珠海知识产权保护中心，争取保护中心早日投入运行，为珠海相关产业和企业提供高水平服务，推动珠海进一步形成创新驱动发展新优势、产业竞争新优势、营商环境新优势，为把珠海建设成为粤港澳大湾区创新高地、打造粤港澳大湾区经济新引擎提供有力支撑。

2.《深圳经济特区知识产权保护条例》(2020年修正)

为了加强知识产权保护工作，激发创新活力，建设现代化国际化创新型城市，打造具有世界影响力的创新创意之都，根据法律、法规的基本原则，结合深圳经济特区实际，制定该条例。特区知识产权保护工作机制、行政执法、司法保护、公共服务、自律管理、信用监管等适用该条例。2020年6月30日，深圳市人民代表大会常务委员会关于修改〈深圳经济特区知识产权保护条例〉的决定》涉及深圳市知识产权行政保护的具体条款如下：

第三条规定，深圳市人民政府（以下简称"市人民政府"）以及各区人民政府应当将知识产权保护工作纳入国民经济和社会发展规划，加强知识产权保护的教育、培训、宣传、行政执法和经费保障，完善知识产权保护工作机制，营造崇尚创新、诚信守法的知识产权保护环境。

第四条规定，深圳市人民政府知识产权主管部门（以下简称"市主管部门"）负责知识产权保护工作的统筹协调与组织实施，依法履行知识产权保护工作职责。发展改革、工业和信息化、科技创新、财政、文化广电旅游体育、公安、司法行政、海关等依法负有知识产权保护工作职责的管理部门，根据有关法律、法规以及本条例的规定，履行知识产权保护工作职责。

第六条规定，建立和完善多元化知识产权纠纷处理机制，实现知识产权行政执法、司法审判、仲裁、调解等工作的有效衔接。

第十五条规定，公安机关应当依法履行知识产权保护工作职责，加大对知识产权犯罪行为打击力度，并协同市主管部门以及其他管理部门开展相关行政执法工作。

第十七条第二款规定，公证机构违反前款规定的，由市司法行政部门予以警告；情节严重的，处以 2 万元以上 5 万元以下罚款。

第十九条第（四）项规定，建立行政机关、司法机关、仲裁机构、调解组织和公证机构等共同参与的知识产权一站式协同保护平台，加强知识产权行政执法、纠纷调解、司法确认、鉴定评估、存证固证、仲裁、公证、法律服务等工作的衔接和联动。

第二十条规定，市人民政府应当建立技术调查官制度，配备技术调查官，为知识产权行政执法活动提供专业技术支持，履行下列职责：

（一）对技术事实调查范围、顺序、方法等提出意见；

（二）参与调查取证，并对其方法、步骤和注意事项等提出意见；

（三）提出技术调查意见；

（四）完成其他相关工作。

为知识产权行政执法配备技术调查官的具体办法由市人民政府另行制定。

第二十三条规定，市主管部门以及其他管理部门在知识产权行政执法过程中需要技术支持的，可以邀请行业协会、知识产权服务机构等派员协助现场调查取证。

第二十八条规定，权利人或者利害关系人投诉知识产权侵权行为，市主管部门或者其他管理部门对有证据证明存在侵权事实的，可以先行发布禁令，责令涉嫌侵权人立即停止涉嫌侵权行为，并依法处理。发布禁令前，可以要求权利人或者利害关系人提供适当担保。经调查，侵权行为不成立的，应当及时解除禁令。涉嫌侵权人对禁令不服的，可以依法申请行政复议或者提请行政诉讼。

第三十一条第二款规定，加强知识产权行政执法与刑事司法衔接，建立行政机关和司法机关信息共享、案件移送、协调配合、监督制约、责任追究等工作机制，保证涉嫌知识产权犯罪案件依法及时进入司法程序。

第三十三条规定，人民法院应当深入推进知识产权民事、刑事、行政案件"三合一"审判机制改革。

第三十六条第（五）项规定，故意侵犯知识产权情节严重的，由人民法院依照国家法律的规定决定适用惩罚性赔偿。有下列情形之一的，可以在国家法律规定的幅度内，从重确定惩罚性赔偿数额：……（五）在行政机关作出认定侵权行为成立的行政处理决定后再次实施相同侵权行为。

第六十条第二款第（二）项规定，自然人、法人和非法人组织有下列情形之一的，五年内不得承接政府投资项目、参加政府采购和招标投标、申请政府相关扶持资金和表彰奖励：……（二）拒不执行生效的知识产权行政处理决定或者司法裁判的。

3. 《深圳市第 26 届世界夏季大学生运动会知识产权保护规定》

为了加强对深圳市第 26 届世界夏季大学生运动会（以下简称"深圳大运会"）知识产权的保护，维护深圳大运会知识产权权利人的合法权益，保障和促进大学生体育运动的持续、健康发展，2020 年 9 月，深圳市第六届人民代表大会常务委员会发布了《深圳市第 26 届世界夏季大学生运动会知识产权保护规定》。

该规定第十二条指出，对侵犯深圳大运会商标权、专利权、著作权、特殊标志专有权和商业秘密的违法行为，由市场监管部门依法查处。公安、城管和综合执法等行政执法部门，应当按照各自职责做好深圳大运会知识产权的保护工作。

第四条认为，该规定所称与深圳大运会有关的商标、专利、作品、特殊标志、商业秘密和其他创作成果是指：（1）国际大学生体育联合会（以下简称"国际大体联"）会徽、国际大体联国际大学生运动会商标、国际大体联颂歌、大运会圣火、国际大体联项目命名、国际大体联项目徽章等名称、图形或者其组合；（2）中国大学生体育协会（以下简称"中国大体协"）的名称、徽记和标志；（3）深圳大运会申办委员会、组织委员会（以下简称"组委会"）在申办、承办深圳大运会期间自行或者委托他人为其使用而开发的徽记、吉祥物、名称、标识、会歌、口号；（4）深圳大运会组委会举办的艺术表演、拍摄的影视作品和其他创作成果；（5）涉及深圳大运会标志的专利产品；（6）深圳大运会的奖杯、奖牌等专用物品的设计。

第七条规定，深圳大运会组委会应当制定深圳大运会知识产权保护工作方案，依法及时采取以下措施保护深圳大运会知识产权：（1）申请商标注册；（2）申请特殊标志登记；（3）申请专利；（4）及时登记有关作品；（5）对商业秘密采取保密措施；（6）申请知识产权海关备案。

第十五条规定，进出口货物涉嫌侵犯深圳大运会知识产权的，由海关依法查处。

三、2020 年广东涉外知识产权行政保护机制建设

（一）广东省涉外知识产权保护机构

国家海外知识产权纠纷应对指导中心广东分中心暨广东省海外知识产权保护促进会揭牌仪式于 2020 年 9 月 20 日在广州举行。广东省知识产权保护中心申报设立国家海外知识产权纠纷应对指导中心广东分中心，并与中国贸促会知识产权服务中心牵头发起成立广东省海外知识产权保护促进会，二者将完善广东知识产权保护体系建设，加强海外维权援助服务。

揭牌仪式上，广东省市场监督管理局（知识产权局）局长麦教猛表示，该局将支持两家机构的建设发展，希望两家机构在广东省知识产权保护中心的直接领导下，为广东"走出去"企业提供更多优质高效服务，为建设广东知识产权保护新高地、推进广东经济高质量发展作出新的更大的贡献。

广东省知识产权保护中心主任马宪民在揭牌仪式上介绍了国家海外知识产权纠纷应对指导中心广东分中心、广东省海外知识产权保护促进会的建设情况以及未来工作方向。他表示，在广东省市场监督管理局（知识产权局）的指导下，该中心将利用好广东分中心、促进会的专业平台，不断加强海外知识产权保护工作，服务广东省创新驱动发展战略实施和粤港澳大湾区建设。

揭牌仪式结束后，广东省海外知识产权保护促进会的会员单位代表就促进会的未来工作规划和发展方向进行了座谈讨论。据悉，下一步，国家海外知识产权纠纷应对指导中心广东分中心、广东省海外知识产权保护促进会将共同推动广东省海外知识产权保护工作向前迈步，不断完善维权援助和纠纷应对指导机制，强化海外服务能力，当好知识产权保护事业的坚定维护者和积极建设者，护航广东省企业加快"走出去"、大胆"走进去"、稳步

"走上去"。

（二）广东省海外知识产权保护工作平台

2020年4月26日，广东省海外知识产权保护促进会（筹）会员大会暨广东省海外知识产权保护工作平台启动仪式在广州举行。广东省商标维权援助服务体系平台也正式开通上线。广东省市场监督管理局（知识产权局）党组副书记、广东省知识产权保护中心党委书记、主任马宪民出席活动。

马宪民表示，广东是全国的经济大省、知识产权大省，也是全国外经贸大省；加强广东海外知识产权保护工作，既是贯彻落实中央强化知识产权保护大政方针的需要，也是落实省委、省政府要求，推动知识产权强省建设的一项重大任务。他指出，广东省知识产权保护中心十分重视海外知识产权保护工作，将建立完善反应快速、高效精准、协同运作的海外知识产权保护工作体系，构建系统化、网络化、智慧化的海外知识产权保护信息服务通道，让企业感受到"粤知保"的力度、速度、温度。

据了解，在广东省海外知识产权保护平台启动仪式上，发布了广东企业海外知识产权保护服务网络首批战略合作单位名单（国内服务机构篇）和广东省知识产权保护中心海外知识产权保护专家委员会首批专家名单。

广东企业海外知识产权保护服务网络首批战略合作单位共计17家机构，海外服务点覆盖六大洲63个国家和地区。广东省知识产权保护中心海外知识产权保护专家委员会首批专家共计75名，其中柴海涛、吕国良、杨国华、谭剑4名专家为战略咨询专家，宋柳平、Heinz Goddar等71名专家为入库专家。专家所属地域覆盖了广东对外进出口额位居前列的美国、德国、英国、荷兰、俄罗斯、澳大利亚等在内的20个国家和地区。

当天，由广东省知识产权保护中心等9家企事业单位共同发起的广东省海外知识产权保护促进会（筹）会员大会顺利召开。促进会将构建海外知识产权重要立法变化、重要摩擦资讯、重要纠纷案件的收集研判和跟踪发布机制；搭建覆盖重点国家、重点地区的广东企业海外知识产权保护服务网络；开展重点产业、重点行业、重点企业涉外知识产权风险监控、预警与导航；完善海外重大展会参展、重大项目投资、重大贸易活动的知识产权公共服务，为广东企业提升国际竞争力和海外权益保护提供有力支撑。

四、2020 年全国及广东省涉外知识产权行政保护典型案例及裁判规则

（一）国家知识产权局发布第一批知识产权行政执法指导案例

为深入贯彻党中央、国务院关于全面加强知识产权保护的决策部署，指导提升办案质量与效率，有力震慑知识产权违法行为，积极营造良好的营商环境，在 2021 年全国知识产权宣传周期间，国家知识产权局发布了 2020 年度知识产权行政保护典型案例（第一批知识产权行政执法指导案例）。国家知识产权局发布的涉外知识产权行政保护案件可以为广东省涉外知识产权行政保护案件提供有效指引。

经案例遴选、网络投票和专家评审等环节，国家知识产权局最终评选出 2020 年度专利行政保护十大典型案例和商标行政保护十大典型案例。其中，专利案例涵盖发明、实用新型、外观设计三类专利，案件类型涉及专利侵权纠纷行政裁决、假冒专利查处、专利权属和发明人资格纠纷调解；商标案例涵盖商品商标、服务商标、地理标志集体商标，案例类型涉及查处商标侵权假冒、商标一般违法、侵犯驰名商标等违法行为。这些典型案例具有较高的代表性、关注度和影响力，展现了近年来我国在全面加强知识产权保护、充分发挥行政保护优势，有力震慑违法行为、持续优化创新和营商环境等方面取得的成就。下面以"国家知识产权局集成电路布图设计行政执法委员会处理布图设计专有权侵权纠纷案"为例加以阐释。

案件要点：确定集成电路布图设计（以下简称"布图设计"）专有权的保护范围，首先应当确定布图设计专有权的客观载体，然后根据客观载体载明的布图设计，结合当事人的主张，确定具体案件中的保护范围是布图设计的全部还是其中具有独创性的部分。

登记时提交的布图设计复制件或图样（纸件或电子版）是确定布图设计专有权的载体；对于登记时已经投入商业利用的布图设计，登记时提交的集成电路样品可以作为确定布图设计专有权的参考。

基本案情：请求人无锡新硅微电子有限公司拥有 BS.155508385 集成电路

布图设计（以下简称"涉案布图设计"）专有权，其对应的芯片型号为 WS3080。请求人认为被请求人南京日新科技有限公司在市场上销售的 ECH485 芯片侵犯了其集成电路布图设计的专有权。请求人于 2017 年 9 月 12 日向国家知识产权局集成电路布图设计行政执法委员会（以下简称"委员会"）提出处理请求，请求认定被请求人销售 ECH485 芯片的行为构成侵权行为，责令其停止侵权行为，销毁全部侵权产品和用于该芯片的掩膜。

被请求人辩称：涉案布图设计的权利基础不明确，请求人的 WS3080 芯片不是涉案布图设计的合法载体；请求人需要证明被请求人的 ECH485 芯片所使用的布图设计与涉案布图设计全部或部分相同，并证明涉案布图设计与 ECH485 芯片所使用的布图设计相同的部分具有独创性。

委员会依法立案，成立合议组并赴被请求人处就涉嫌侵权的 ECH485 芯片抽样取证。随后请求人提交了关于涉案布图设计独创性的说明。在案件审理过程中，委员会依法委托司法鉴定机构，对 ECH485 芯片的布图设计与涉案布图设计是否相同、WS3080 芯片的布图设计与涉案布图设计是否相同进行了技术鉴定。

该案中，请求人在登记时提交了涉案布图设计的图样，共 18 张，其中总图 1 张，分层图 17 张。委员会最终认定上述文件为涉案布图设计专有权的载体。

请求人在登记时还提交了型号为 WS3080 的集成电路样品 4 件。鉴定结果显示，该案中布图设计图样与从 WS3080 芯片提取的布图设计相一致。因此 WS3080 芯片所包含的布图设计可以作为涉案布图设计图样的补充，用来确定涉案布图设计专有权的保护范围。

请求人在独创性说明中，从图样中划分出 11 个区域，并对各个区域的功能、元件/线路的三维配置情况进行了具体说明。独创性区域 1—11 均为涉案布图设计在本案中的保护范围；对元件/线路的三维配置情况进行的具体说明，作为涉案布图设计在该案中的保护范围。请求人对各独创性区域进行的具体说明中涉及功能的描述，属于具体说明中三维配置以外的内容，不予考虑，不作为涉案布图设计在该案中的保护范围。

在此基础上，委员会依法作出处理决定，认定请求人的主张成立。

委员会认定被请求人生产、销售的 ECH485 芯片侵犯涉案布图设计专有权，责令被请求人立即停止侵害请求人拥有的涉案布图设计专有权，没收、销毁与涉案布图设计有关的图样、掩膜以及含有涉案布图设计的集成电路。处理决定作出后，双方当事人均未就该决定提起诉讼。

典型意义：该案涉及集成电路布图设计保护。指导意义主要有以下两点：一是布图设计专有权载体的确定；二是具体案件中布图设计专有权保护范围的确定。

一方面，关于布图设计专有权载体的确定。根据《集成电路布图设计保护条例》第十六条规定，布图设计的复制件或图样是申请布图设计登记时必须提交的材料；对于申请登记时已投入商业利用的布图设计，还应当提交含有该布图设计的集成电路样品。因此，布图设计的复制件或图样是登记时必备的权利载体，将其作为布图设计专有权的法定载体符合立法的本意。对于登记提交的含有布图设计的集成电路样品，在复制件和图样所表示的布图设计的内容与集成电路样品所包含的布图设计的内容不一致时，应当以复制件和图样所表示的布图设计为准。未在布图设计的复制件或图样中体现的布图设计信息，不应作为布图设计请求保护的内容。

对于登记时已经商业利用的布图设计，其集成电路样品也是登记要件。因此，在复制件或图样存在某些无法识别的布图设计细节内容时，在确定复制件或图样与集成电路样品所包含的布图设计一致的前提下，可以参考登记时提交的集成电路样品的布图设计来确定上述细节内容。

另一方面，布图设计专有权保护范围的确定。根据《集成电路布图设计保护条例》的规定，布图设计专有权所保护的是布图设计中具有独创性的部分或者具有独创性的布图设计的整体。鉴于布图设计在登记时不要求权利人声明其独创性，因此，请求人在具体案件中所指明的具有独创性的区域及其对各区域独创性所在进行的说明，应当确定为布图设计专有权在具体案件中的保护范围。布图设计专有权的客体是元件和线路的三维配置，不延及思想、处理过程、操作方法或者数学概念等。如果具体说明中包含了三维配置以外的内容，例如电路的原理、要实现的效果或功能、处理过程、设计思想等，则这些内容不能作为确定其保护范围的依据。

（二）最高人民法院发布2020年度知识产权行政案件典型案件

最高人民法院召开新闻发布会，通报2020年度知识产权十大案例、五十件典型案件。最高人民法院民三庭副庭长林广海介绍，2020年，人民法院坚持以习近平新时代中国特色社会主义思想为指导，深入贯彻落实习近平法治思想，把增强"四个意识"、坚定"四个自信"、做到"两个维护"落实在具体行动中，坚持服务大局、司法为民、公正司法，积极发挥知识产权司法保护职能作用，主动适应新发展阶段，着力落实新发展理念，努力构建新发展格局，积极服务保障高质量发展，出台了一系列有力举措，取得了一系列新进展。

其中最高人民法院发布的知识产权行政案件如下：

（1）苹果电子产品商贸（北京）有限公司与国家知识产权局、任某平、孙某、苹果电脑贸易（上海）有限公司发明专利权无效宣告请求行政纠纷案［最高人民法院（2020）最高法知行终406号行政判决书］。

（2）爱立信电话股份有限公司与国家知识产权局、华为技术有限公司发明专利权无效宣告请求行政纠纷案［北京市高级人民法院（2019）京行终513号行政判决书］。

（3）百威哈尔滨啤酒有限公司与国家知识产权局商标申请驳回复审行政纠纷案［最高人民法院（2020）最高法行再370号行政判决书］。

（4）云南则道茶业股份有限公司与国家知识产权局、石某龙商标权无效宣告请求行政纠纷案［北京市高级人民法院（2020）京行终3768号行政判决书］。

上述案件的判决，为广东省知识产权行政保护提升提供了有益借鉴。

（三）2020年度广东省知识产权行政保护典型案例

1. 2020年广东省知识产权行政保护典型案例与典型意义

2020年广东省公布了知识产权审判十大案件，其中涉及广东省知识产权行政保护的案件有2件。

典型案例：广州蓝鲸短视频科技有限公司不服广州市越秀区市场监督管理局行政处罚纠纷案［广州市越秀区人民法院（2019）粤0101行初4号］。

基本案情：北京字节跳动科技有限公司（以下简称"字节跳动公司"）是"抖音"等商标的注册人。原告广州蓝鲸短视频科技有限公司原名广州抖音信息技术有限公司，其在经营场所内有大量上述商标标识及"抖音"相关宣传标语，并在与客户签订合同时约定为客户提供抖音短视频APP的信息运营服务。被告广州市越秀区市场监督管理局作出行政处罚决定，认为原告构成不正当竞争行为，责令原告立即停止混淆的违法行为，办理名称变更登记，并处罚款9万元。原告不服该行政处罚决定，起诉请求撤销。

法院裁判：法院认为，原告企业名称中包含"抖音"，与"抖音"APP名称以及相关商标重合；而原告恰恰是从事提供"抖音"APP账号及内容服务的经营活动，且在经营场所中大规模使用相关商标标识，在合同文本中又有"北京抖音总部"等字样，根据公众的一般认知理解，极易认为原告公司及其提供的服务与"抖音"等商标或APP的权利人存在特定联系。且从对原告的相关客户所作询问来看，事实上也已经产生了混淆的后果。故被告认定原告的企业名称以及相关经营行为构成不正当竞争，理据充分。被告基于此作出的行政处罚决定符合《反不正当竞争法》的规定，并无不当，遂判决驳回原告的全部诉讼请求。判决后，原告、被告均服判息诉。

典型意义：该案判决明确了以他人注册商标以及运营手机APP名称"抖音"作为字号登记，又以相关商标标识从事经营"抖音"APP账号及内容业务引人混淆的，构成不正当竞争；同时也明确了申请企业名称登记用于实施不正当竞争行为因具有不当性而不适用行政信赖保护原则，有利于指引经营者在新型市场环境下合法经营，共同营造公平、有序的市场经济秩序，优化营商环境，起到良好社会效果。

典型案例：欧普照明公司诉广州华升公司侵害商标权纠纷案。

一审：广州市南沙区人民法院（2016）粤0115民初4434号。

二审：广州知识产权法院（2017）粤73民终387号。

再审：广东省高级人民法院（2019）粤民再147号。

基本案情：欧普公司是"欧普"注册商标的权利人，核定使用范围是第11类，包括灯、日光灯管等，其中"欧普"注册商标多次被认定为广东省著名商标，并于2007年被认定为中国驰名商标。华升公司是"欧普特"注册商标的权利人，核定使用范围是第21类，包括除蚊器、蝇拍、家务手套等。华升公司在其生产、销售、许诺销售的台灯、小夜灯等灯产品及相关宣传网页上使用"欧普特"等标识，被诉产品在各大实体超市销售，在天猫等网站线上销售。华升公司生产的灯类商品曾因质量不合格被行政机关处罚。欧普公司向法院起诉，请求认定华升公司构成商标侵权，并请求适用惩罚性赔偿，赔偿其经济损失及合理费用300万元。

法院裁判：法院认为，欧普公司请求保护的商标具有较强的显著性并已达驰名程度，华升公司在灯类产品中使用的被诉标识与欧普公司的涉案商标构成近似标识，容易构成混淆，应认定构成商标侵权。华升公司作为同行业经营者，在明知欧普公司及其商标享有较高的知名度和美誉度，且明知"欧普特"商标在第11类灯商品的注册申请被驳回的情况下，仍故意将"欧普特"商标注册在第21类上并跨类别地使用于第11类的灯类商品上，大量生产、销售侵权产品，且产品质量不合格，其侵犯欧普公司商标权的主观恶意明显，情节严重，应当适用惩罚性赔偿。故该案按照涉案商标的许可使用费、侵权人的持续侵权时间确定赔偿基数为127.75万元，并综合考虑华升公司的主观恶意程度、侵权行为的性质、情节和后果等因素，按照上述确定的赔偿基数的3倍确定赔偿数额，判令华升公司赔偿经济损失及合理费用300万元。

典型意义：该案系对恶意侵害知识产权行为适用惩罚性赔偿典型案例，对知识产权惩罚性赔偿制度的司法适用进行全面深入论证，明确惩罚性赔偿制度"主观恶意"和"情节严重"的规则边界和证明标准，并提出精细化计算赔偿基数和倍数的方法和路径，对知识产权案件惩罚性赔偿制度的法律适用提供了典范。该案对恶意侵害知识产权行为适用惩罚性赔偿，贯彻落实了习近平总书记和党中央"要抓紧落实知识产权惩罚性赔偿制度"的重大部署，彰显了人民法院严格保护知识产权的坚定决心，对支撑国家创新驱动发展战略、维护健康的市场竞争秩序具有重要意义。

2. 广州市知识产权行政保护典型案例与典型意义

典型案例：黄埔海关查获一万余件侵权国际品牌背包"FILA""Kipling及图形"商标案。

基本案情：2020年10月，黄埔海关隶属黄埔老港海关关员对新沂市某公司一批出口至伯利兹的无品牌卫生纸、手提包等货物进行查验。海关官员依法核对柜号信息，察看掏箱情况，查验关员随机抽取两包货物，发现取出的背包上标有"FILA""Kipling及图形"商标，这一情况引起查验关员高度警觉，判定该批货物有较大侵权嫌疑。经联系商标权利人满景（IP）有限公司、VF国际公司确认，该批10080个"FILA""Kipling及图形"背包有侵权嫌疑。黄埔海关立即对该批货物实施扣留，并通过"两法衔接"机制将案件情况通报公安部门，最终该案由企业属地公安部门进行刑事立案处理。

典型意义：该案是黄埔海关深化与公安部门"两法衔接"的典型案例。由于涉案货物数量较多、案值较大，可能涉嫌刑事犯罪，黄埔海关在案件通报、情报交流、案件协查等方面与公安机关建立了密切的协作配合机制，及时向公安部门通报线索、移送案件，积极配合公安部门迅速清查侵权货物，收集固定证据，实现了行政执法与刑事司法的有效衔接。针对侵权货物品牌混杂、数量较大等情况，黄埔海关注重加强法规、查验、物流、船管部门合作，联防联控，提升打击侵权合力，筑牢打击侵权防线，对重点航线、重点口岸实施严密监管，有效提升打击侵权效能维护进出口贸易秩序，积极维护中国创造良好国际形象。

3. 深圳市知识产权行政执法典型案例与典型意义

典型案例：姜建辉等犯侵犯商业秘密罪案——知识产权行政、民事、刑事三审合一。

基本案情：ifere电路原理图以及"一种金属背盖NFC天线方案V0.2.docx"和"一种金属环槽天线V0.2.docx"技术均系华为公司投入人力、物力、财力研发而形成的不为公众所知悉的技术信息。华为公司采取了保密措施，上述技术信息属于华为公司的商业秘密。被告人吴某、张某敏、姜某辉、王某裕、郁某、李某晶曾任职于华为公司，分别从事技术研发以及研发管理，均与华为公司签订保密协议，对所从事研发以及所接触技术信息等负有保密义务。被告人吴某、张某敏首先提起利用华为公司 ifere 项目以及物质技术条件完成其 K1 智能儿童手表的犯意，并先后拉拢姜某辉、郁某、王某裕、李某晶等加入其"创业团队"，授意、指挥姜某辉等被告人完成犯罪行为。被告人姜某辉接受安排将其在华为公司研发的 ifere 电路图窃取并修改后使用在上海艺时公司 K1 智能儿童手表上。被告人王洪裕接受安排将其在华为公司的职务成果（两项天线技术方案）擅自为上海艺时公司申请专利。被告人郁某在加入共同犯罪团伙后，积极出谋划策，通过张某敏的安排从他人处获取了 ifere 技术文档，且明知两项天线技术是王某裕在华为公司任职期间完成的职务技术成果，属于华为公司的商业秘密，仍然予以配合并以发明人身份提出专利申请。被告人李某晶明知上海艺时公司 K1 产品的技术和华为公司的 ifere 研发项目有技术上重叠，姜某辉、王某裕等利用华为公司 ifere 研发成果以及实验室等物质技术条件推进 K1 产品的研发与生产，王某裕将职务技术成果申请在上海艺时公司名下，仍然与姜某辉、王某裕等相互配合，完成 K1 电路图互连设计。ifere 电路原理图被使用于上海艺时公司 K1 产品，"一种金属背盖 NFC 天线方案 V0.2.docx"和"一种金属环槽天线 V0.2.docx"技术被以上海艺时公司名义专利申请，并被授权，上述三项技术信息均被公开。

经深圳市司法会计鉴定中心对三项专有技术分摊的工资、五险一金和奖金测算，被告人给华为公司造成损失合计 2231662.43 元。公诉机关以相关被告人犯侵犯商业秘密罪而提起公诉。

法院裁判：将公众所知悉的信息进行整理、改进、加工后形成的新信息，符合"在被诉侵权行为发生时，不为所属领域的相关人员普遍知悉和容易获得的"，亦应认定为该信息不为公众所知悉，属于商业秘密保护对象。

被诉侵权人直接、完全使用权利人技术秘密，或者对技术秘密进行部分修改、改进后使用，均属于使用权利人技术秘密行为。专利的"创造性"不同于专利的"新颖性"，更不同于商业秘密的"非公知性"。对于专利技术信息而言，判断该专利技术信息在被公开前是否具有"非公知性"应以商业秘密"非公知性"标准进行判断，而非简单套用专利的"创造性"或"新颖性"判断标准。

该案涉及的技术秘密多、证据多、争议焦点多,是深圳法院2010年推行知识产权"三合一"审判以来,最具挑战的知识产权刑事案件。该案对如何看待多项公开技术组合的技术方案的非公知性、专利创造性与商业秘密非公知性的联系与区别、部分使用技术秘密情况下的损失计算等诸多争议法律问题予以深入回应,将商业秘密民事审判积累的专业经验根据刑事审判标准予以运用和借鉴,充分体现了知识产权民事、刑事、行政"三合一"专业化审判在构建高质量、高水平的知识产权司法保护体系中的制度优势。

4. 佛山市2020年知识产权行政执法十大典型案例与典型意义

典型案例:"一种旋转洗澡椅"涉外专利权侵权纠纷案。

基本案情:请求人为加拿大籍权利人,诉被请求人侵犯了其"一种旋转洗澡椅"实用新型专利权。佛山市市场监督管理局立案后第二天开展现场勘验,提取涉案产品及宣传画册各一件,初步判定为侵权。

法院裁判:经执法人员结合技术、法律、经济三个维度进行专业调解,双方当事人达成和解协议,由被请求人赔偿6万元,承诺不再实施侵权行为,并在执法人员的监督下销毁了侵权产品和宣传画册。

典型意义:跨国知识产权纠纷的处理具有成本高、时限长等问题,加之不熟悉所在地的法律和政策环境,存在一定的困难。建议专利权人根据自身情况,选择行政保护、调解、仲裁等多元化纠纷解决途径,有效维护自身权益。

该案是一宗涉外知识产权侵权纠纷。佛山市市场监督管理局坚决贯彻落实"同保护、快保护"工作要求,迅速通过现场勘查查明事实,在充分说理的基础上通过行政调解促使双方达成和解,从立案到结案仅用了6天时间,降低了涉案双方的处理纠纷的时间和经济成本。

典型案例:"一种电热煎烤炉"实用新型专利侵权纠纷案。

基本案情:请求人拥有"一种电热煎烤炉"实用新型专利,该电热煎烤炉用于户外烧烤,可以在户外淋雨的情况下正常工作并准确控温,出口欧美广受欢迎。

法院裁判：佛山市市场监督管理局通过现场调查、口头审理、查明事实后，第26天促成双方达成和解，被请求人承认侵害专利权的违法行为，承诺今后未经请求人的许可不再制造、销售、许诺销售专利权产品，并赔偿请求人20万元。

典型意义：该案被控产品出口外销，请求人取证困难。在2020年初新冠肺炎疫情期间企业推迟复工复产造成较大损失，专利侵权对企业更是雪上加霜，严重打击了海外市场，损害了专利权人的合法权益。

佛山市市场监督管理局及时立案，多次组织调查和调解，使专利权人获得合理赔偿，快速保护了请求人的专利权，帮助企业将损失降到了最低点。通过此案件的办理，对同类侵权责任人产生了巨大的震慑作用，请求人迅速挽回了海外市场。同时，以案件办理为契机，请求人先后与多家企业达成专利许可使用协议，促进了专利的转化运用，有效实现了知识产权的价值，彰显专利行政快保护的良好社会效应和经济效益。

典型案例："一种软硬结合手机套及其加工方法"发明专利侵权纠纷案。

基本案情：请求人拥有"一种软硬结合手机套及其加工方法"发明专利，该专利用于生产软硬结合的手机套，使手机套足够柔软的同时也提高了抗拉扯能力，使手机套更加耐用，相关产品广受欢迎。

佛山市市场监督管理局第一时间在被请求人生产车间现场对被控产品及其加工方法和模具进行技术特征对比分析，初步判断被控产品和模具落入专利权保护范围，而加工方法未落入专利权保护范围。在庭审过程中，被请求人提供了一款与涉案专利生产出来的手机套相似的产品的专利文件，该专利文件申请日在涉案专利之前，根据《专利法》第二十二条和第六十二条的规定，上述证据可以作为该案的现有技术对比文件。经审理，确定被控产品使用的技术手段是通过增加抗拉层与软塑料结合从而产生软硬结合耐用的技术效果，而对比文件采用自上而下的上硬化透明层、上印刷层、透明主体层、下印刷层、下硬化透明层的技术手段，解决的技术问题是无立体感、易褪色、不耐摩擦。

法院裁判：佛山市市场监督管理局确定对比文件与被控产品解决的技术

问题、达到的技术效果均不同，认定被请求人以现有技术进行抗辩的理由不成立。同时，认定被请求人制造、销售的被控产品手机壳、使用的被控模具构成侵犯请求人专利权，作出责令被请求人立即停止制造、销售被控产品手机壳，立即停止使用被控模具的裁决。

典型意义：该案所涉专利具有一定的技术含量，但由于产品手机套的价值较低，专利权人维权的意识和动力不足，维权成本较高，导致侵权现象在一定范围内比较普遍。对这类专利权人，在勇于维权的同时，也要善于维权，收集掌握相关的侵权证据，及时向行政机关进行投诉。

该案专利是涉及产品及其加工方法和模具的发明专利，技术复杂、取证困难。为了更准确地进行技术特征比对，执法人员在被请求人生产车间现场对被控产品模具和加工方法进行技术特征比对。佛山市市场监督管理局作出行政裁决后，得到了双方的认可。

典型案例："6·16"发行侵犯他人著作权出版物案。

基本案情：2020年6月16日，佛山市文化广电旅游体育局南海综合执法支队根据转办线索，对桂城街道某出租屋进行突击检查。现场发现当事人温某正在场所内整理包装出版物，查获《逆袭特训》等涉嫌侵犯他人著作权出版物2355本。因涉案出版物超过法律规定的应当追究刑事责任的数量，达到刑事立案标准，办案单位于2020年6月17日将此案移送佛山市公安局。

法院裁判：经佛山市版权局鉴定，涉案图书均不是出版社委托印刷、发行的图书，侵犯了出版社经著作权人授权获得的复制、发行权，是盗版图书。2020年11月9日，佛山市南海区人民法院判决温某犯侵犯著作权罪，判处有期徒刑三年，并处罚金人民币10万元。

典型意义：在办案过程中，办案单位对案件线索分析研判，与各有关部门相互协调、分工联动，并保持追究刑事责任阶段衔接协作，为案件最终顺利起诉和判决作出应有的贡献。

案件的成功查处得到了省"扫黄打非"办表扬，也被省公安厅列入"飓风2020"专项行动。该案件有力打击了犯罪分子的嚣张气焰，保护了权利人的合法权益，成效显著，有利于在全社会营造良好版权保护氛围，助力佛山市创建国家版权示范城市。

典型案例："万某未经著作权人许可,通过信息网络擅自向公众提供其作品案。

基本案情：2020 年 4 月,根据转办线索,佛山市文化广电旅游体育局南海综合执法支队在远程勘查"若蓝格"网站时,发现其上传多种电子杂志供他人下载。经调查,该网站由万某开办,自 2014 年以来提供 PDF 电子杂志下载,网站上共发布的 503 种 1384 册电子杂志均为境外和港台地区的 PDF 电子杂志,没有著作权人授权许可证明,没有办理网络出版服务许可证。网站从 2019 年 12 月开始增设下载部分 PDF 电子杂志充值收费功能,至被查处时共获利 1.6 万余元。

法院裁判：法院审理后认为,万某以营利为目的,未经著作权人许可,复制发行其文字作品,构成侵犯著作权罪,判处万某有期徒刑八个月,缓刑一年,并处罚金人民币 3000 元。

典型意义：在案件查办中,执法人员通过做好(远程)勘验笔录先行固定证据。该案涉及未经著作权人许可,通过信息网络擅自向公众提供其作品 1776 册,并收取下载费用,该行为涉嫌构成了《刑法》第二百一十七条第一款规定的情形,此案超出办案单位管辖范围,后将案件移送至公安部门查处,属于佛山市 2020 年度"两法衔接"知识产权类处罚案件,有积极的代表意义。

该案件的查处,有利于保护著作权人、表演者、录音录像制作者的信息网络传播权,在全社会营造良好版权保护氛围,助力佛山市创建国家版权示范城市。

典型案例："Adidas"等 9 品牌诉深圳某公司跨境电商渠道侵犯商标权纠纷案。

基本案情：2020 年 9 月 18 日,佛山海关在对深圳某公司出口到法国的跨境电商商品实施查验时,发现 2039 双使用"adidas"等 5 个知名商标的运动鞋和 65 件使用"CHANEL"等 4 个知名商标的衣服,涉嫌侵犯阿迪达斯有限公司等 9 家知名品牌公司的商标专用权。

法院裁判：办案部门立即启动海关知识产权保护程序，经联系相关权利人确权，海关于 11 月 13 日立案调查并扣留相关货物，经调查取证，确认当事人侵犯知识产权，于 12 月 18 日依法作出没收涉案侵权货物并处罚款的行政处罚决定。2021 年 1 月 29 日，有关部门依法对侵权货物作实施销毁处理。

典型意义：近年来，跨境电子商务等新兴贸易业态迅猛发展，特别是新模式的试点运行，知识产权侵权风险增加。该案的成功查办，体现了佛山海关发挥职能优势主动作为，是打击跨境电子商务领域新模式下侵权行为的积极探索和良好实践，规范新兴贸易业态健康发展的重要成果。在国际贸易摩擦频发的背景下，海关一视同仁有效保护外商投资企业合法权益，打造更好的营商环境，增强企业在华投资信心，营造良好氛围，有效解决贸易碎片化、监管分散化等问题，促进跨境电商平台的净化，推动形成当地外贸发展新格局。

典型案例：广州某餐饮企业管理有限公司诉佛山市顺德区某奶茶店侵害商标权纠纷案。

基本案情：2020 年 11 月 3 日，顺德区乐从市场监督管理所收到权利人广州某餐饮企业管理有限公司委托人提交的举报材料，反映佛山市顺德区某奶茶店未经许可，在同一种商品上使用与其注册商标近似的商标。2020 年 11 月 23 日，执法人员对涉案奶茶店的经营场所进行现场检查，在现场发现店内装饰画、门头易拉宝广告、员工服饰的帽子、结账单、菜单、奶茶纸杯、奶茶塑料杯、打包袋等物品上有字样，同时在"美团"平台发现该奶茶店有使用字样开展奶茶外卖服务。现场查获印有该字样的奶茶包装用品 417 个。

法院裁判：经查，该奶茶店的违法经营额为 38144.58 元。其经营行为属于侵犯注册商标专用权的违法行为。根据相关规定，责令该奶茶店立即停止侵权行为，并作出没收有该字样的奶茶包装用品 417 个，罚款 9600 元的行政处罚决定。

典型意义：权利人授权加盟店与侵权人经营场所在同一个商圈，直线距离不到 300 米，侵权人提供堂食的同时在"美团"平台提供外卖服务，对权利人授权加盟店正常经营造成一定的影响。案件查办过程中，执法人员对其经营环境进行取证的过程中，对侵权人在各主要外卖平台开展外卖服务中的侵权行为及时截图固定证据；在侵权人对侵权行为进行整改过程中，执法人员对日常容易忽视的外卖平台重点关注，力争整改全面彻底。通过对侵权人侵权行为的查处，净化了市场竞争环境，有力规范了商标使用行为，维护了良好的公平竞争秩序。

典型案例：佛山市某智能科技有限公司诉佛山市某电子科技有限公司侵害商标权纠纷案。

基本案情：2020年2月26日，顺德区市场监督管理局收到佛山市某智能科技有限公司投诉举报，反映佛山某电子科技有限公司未经授权销售带有其注册商标的车载除味器产品。办案单位随即进行立案调查。

经查，投诉人法定代表人与被投诉人总经理口头约定：由投诉人提供模具、商标、产品设计、专利设计，被投诉人负责采购原材料、组织工人生产10000台型号为A8的车载除味器，交付成品给投诉人。此后，被投诉人共生产出1209台产品，并陆续向投诉人交货。后投诉人以质量问题为由，将936台产品退回给被投诉人返修。返修后投诉人一直未提货，被投诉人将退回的936台产品进行处理，其中511台赠送给朋友，225台存于仓库，另安排公司员工及朋友在网络平台上进行销售，经核实，认定销售的数量为200台，销售所得金额共30616.66元。

法院裁判：办案单位认为，当事人未经商标权利人许可，将印有授权委托方商标的产品擅自销售和擅自赠送的两种行为均属于商标侵权行为。但是从行政行为的合理性角度，考虑到当事人没有假冒商标的主观故意，遵循处罚与教育相结合的原则，决定对当事人从轻处罚。责令当事人立即停止侵权行为，并作出罚款1万元的行政处罚。

典型意义：该案是一起因为代工方自行销售已取得授权生产的产品造成商标侵权纠纷案件。由于投诉人未支付剩余产品加工费用，于是被投诉人自行将产品销售以减少损失。

顺德作为加工制造发达地区，各制造企业OEM情况较为普遍。通过办理此案，执法人员在平时的工作中也加强了普法教育。提醒辖区内为他人提供 OEM 的企业，在签订代工协议时要将商标使用、后续处理，残次品处置等问题尽量详细地作出约定。

典型案例：佛山市某知识产权代理事务所违法接受商标申请注册委托案。

基本案情：2020 年 3 月 13 日，南海区市场监督管理局根据线索，对佛山某知识产权代理事务所（普通合伙）涉嫌违法接受商标申请注册委托的行为进行立案调查。

经查明，佛山某知识产权代理事务所于 2020 年 2 月接到佛山市某作物科学有限公司的委托，为其在第一类（肥料）商品申请注册"火神山"和"雷神山"两个商标。此后，该知识产权代理事务所主动通过商标申请网络系统向国家知识产权局提交了撤回商标注册申请申请书。国家知识产权局于 3 月对申请的上述两个商标准予撤回注册申请。此次申请注册"火神山"和"雷神山"商标标识的全部流程均由其流程部刘经理负责办理，应认定刘经理为违法接受商标申请注册委托的直接责任人员。

法院裁判：当事人作为商标申请注册代理机构，其接受客户委托，代理客户在第一类商品类别申请注册"火神山"和"雷神山"商标，侵犯了相关规定，构成违法接受商标申请注册委托的行为，依法应予以行政处罚。但鉴于当事人已经主动撤回相关商标的注册申请，决定对该知识产权代理事务所（普通合伙）从轻处罚，作出警告、罚款 1 万元并对直接责任人员刘经理作出从轻警告、罚款 5000 元的行政处罚。

典型意义："火神山""雷神山"是武汉为抗击新冠肺炎疫情新建的医院名称，在全国乃至国际都具有较大的知名度和影响力。然而，一些人却企图把具有特殊意义的标志作为商标，用来为自己谋取商业利益，这样的行为既不符合法律规定，也有违公序良俗。对此类违法行为的坚决查处，有利于营造保护知识产权的良好氛围。虽然该案当事人有主动撤回商标申请的从轻情节，但是依据《商标法》的相关规定，其违法接受商标注册申请委托的违法行为仍需要受到行政处罚。鉴于商标代理工作的特殊性，《商标法》中专门规定对商标代理机构中违法接受商标注册申请委托的直接责任人员也要进行处罚，通过对直接责任人的处罚，加大了对商标代理违法行为的处罚力度，对商标代理机构也能起到更好的警醒与教育作用。

该案是南海区市场监督管理局首宗在同一宗行政处罚案件中对当事人以及当事人的直接责任人员同时进行处罚的案件。通过双罚，加大了对商标代理违法行为的处罚力度，对商标代理机构也能起到更好的警醒与教育作用。

典型案例：佛山市某贸易有限公司销售侵犯注册商标专用权商品案。

基本案情：2020年4月13日，南海区市场监督管理局收到广州市公安局海珠区分局案件移送函。函称该局在办理李某涉嫌销售假冒注册商标的商品案中，在佛山市南海区某处查扣印有"曼秀雷敦"商标产品3467件、快麦牌打单机1台，以及报警人提供的印有"曼秀雷敦"商标产品6支。经曼秀雷敦（中国）药业有限公司鉴定，以上查扣的曼秀雷敦产品均为假冒产品。海珠区人民检察院审查后认为涉案价值未达起诉标准，现有证据不足，根据相关规定，将李某涉嫌销售假冒注册商标的商品案及涉案物品向南海区市场监督管理局移送。

法院裁判：2020年5月，广州市公安局海珠区分局将案件材料和涉案物品一并移交南海区市场监督管理局。南海区市场监督管理局于接收当日对涉案物品实施扣押行政强制措施，随即进行立案查处。经查，李某为佛山市某贸易有限公司法定代表人，该贸易公司销售标有标识的商品，涉案商品总货值103680元，核定违法经营额为103680元。该贸易公司未经商标持有人曼秀雷敦公司授权许可，经营涉案产品，构成侵犯注册商标专用权行为，按照相关规定，办案单位对该贸易公司作出没收扣押的"曼秀雷敦"产品2469件，并处以120000元罚款的行政处罚。

典型意义：近年来，在案件查处过程中出现更多的是行政机关因当事人涉案犯罪向公安机关移送案件。该案中，公安机关移送行政机关体现了行政机关与司法机关双向衔接工作机制。公安部门经过侦查以及人民检察院审查后认为，涉案价值未达起诉标准，现有证据不足以证实犯罪嫌疑人的行为构成销售假冒注册商标的商品罪。虽然当事人的行为未构成犯罪，但损害了消费者、注册商标专用权人合法权益，触犯了相关行政法规，通过行政处罚与刑事处罚衔接，违法分子得到相应的行政处罚，有效打击各种违法违规行为，维护正常的市场秩序。

五、2020年广东涉外知识产权行政保护数据统计与情况分析

2020年，广东全省市场监管部门共办理知识产权行政处罚案件5710件，罚没金额5325.98万元。全省各级版权行政执法部门查办侵权盗版案件249宗。广东省内海关扣留进出口侵权货物12298批、2840万件。全省公安机关组织开展为期三年的打击侵犯知识产权犯罪"蓝剑"行动，2020年共立侵犯知识产权犯罪案件3145宗，破案2704宗，涉案金额近27亿元，其中，侵犯商业秘密案件立案13宗。全省检察机关共批捕侵犯知识产权犯罪案件1228件2114人，起诉1284件2283人。全省法院新收各类知识产权案件19.61万件，同比增长24.60%；审结19.30万件，同比增长26.07%。广东省知识产权快速维权、广交会知识产权保护模式被国务院推广，广东省知识产权行政保护绩效考核连续三年位居全国第一。全省知识产权综合实力连续八年位居全国第一。

从包括知识产权行政保护在内的所有类型知识产权保护上看，"十三五"期间，广东省大力建设引领型知识产权强省，改革和完善知识产权治理体系和保护体系，全面强化知识产权创造、保护、运用、服务全链条工作，"十三五"主要目标顺利完成。广东省持续加大知识产权行政执法力度，推动知识产权创造提质增效；推进知识产权转化运用，强化知识产权对"双区""双城"建设等重大战略支撑作用；优化知识产权公共服务，加强知识产权服务业发展监管和知识产权机构队伍建设。全省知识产权主要指标保持全国第一，多项工作全国领先，为推进"十四五"广东知识产权高质量发展奠定了坚实基础。

（一）国家级知识产权保护中心建设

广东获批建设珠海、汕头、广州等3家国家级知识产权保护中心。截至2020年，全省已建有6个国家级知识产权保护中心、7个国家级知识产权快速维权援助中心，以及一批省知识产权维权援助分中心，实现全省各地市以上维权援助机构全覆盖。指导快速维权机构开展集快速审查、快速确权、快速维权于一体，审查确权、行政执法、维权援助、仲裁调解、司法衔接相联动的产业知识产权快速协同保护工作。2020年，共受理专利预审案件1.8万件，专利预审合格1.4万件，高效便捷服务市场主体。在此基础上，广东省可以大力开展知识产权行政保护、司法保护等多维度快速协同保护工作。

2020年，广东省全省各地、各相关部门深入学习贯彻习近平总书记关于知识产权工作的重要论述和重要指示批示精神，特别是习近平总书记在中央政治局第二十五次集体学习时的重要讲话精神，按照省委、省政府和国家知识产权局工作部署，深入推进引领型知识产权强省建设，完善知识产权保护体系，强化知识产权创造和运用，各项工作取得了新的成绩，为全省高质量发展提供了有力支撑。广东省在中央对地方知识产权保护检查考核工作中获得优秀等级；广东省获中国专利奖获奖项目总数连续五年位居全国第一；广东省知识产权综合发展指数连续八年位居全国第一，区域创新综合能力连续四年位居全国第一；特别值得一提的是，"深圳-香港-广州科技集群"创新指数位居全球第二。

（二）广东省稳步提升知识产权行政保护运用能力

强化重点领域知识产权源头保护，大力提升知识产权质量，促进知识产权转化和运用。根据WIPO发布的2020年全球创新指数显示，深圳、香港、广州所代表的创新集群在全球创新百强集群中排名第二。该地区通过PCT途径提交的专利申请量占全球总量的近7%，占中国总数的一半以上。粤港澳大湾区的经验反映了强有力的知识产权制度在促进经济和社会发展方面的作用和价值。WIPO将继续和中国国家知识产权局、各省市知识产权局进行合作，展示粤港澳大湾区在利用知识产权促进发展方面的最佳实践。推进高价值专利培育布局和专利导航，建设高价值专利培育布局中心264家。2020年，全省专利和发明专利授权量分别为70.97万件和7.07万件，分别同比增长34.57%和18.33%。PCT专利申请量2.81万件，同比增长13.64%，占全国总量的41.79%。截至2020年底，全省有效发明专利量35.05万件，其中高价值发明专利量17.24万件，占全国总量的19.40%，均居全国首位。专利已成为广东新兴产业高质量发展极其重要的创新资源和核心竞争力。2020年，全省商标注册量107.99万件，马德里商标国际注册申请量1448件，均居全国前列。截至2020年底，有效商标注册量543万件，位居全国前列。2020年，全省共完成作品著作权登记6.42万件，同比增长30.12%。截至2020年底，累计注册地理标志商标85件，获批地理标志保护产品155个，"吴川月饼""英德红茶""凤凰单丛""大埔蜜柚"入选第一批中欧地理标志互认清单。2020年，全省专利商标等质押登记金额334亿元，累计已获批16个知识产权证券化产品，已发行产品规模26.69亿元，形成了知识产权金融资金供应链贯穿企业发展全生命周期的知识产权证券化"广东模式"。

（三）广东省检察机关加强知识产权行政保护工作情况

2020年，广东省检察机关深入贯彻中共中央办公厅、国务院办公厅《关于强化知识产权保护的意见》、国家知识产权局《2020—2021年贯彻落实〈关于强化知识产权保护的意见〉推进计划》及广东省委、省政府《关于强化知识产权保护的若干措施》等工作要求，积极履行检察职能，扎实开展知识产权行政保护工作。

其一，充分发挥法律监督职能，确保严格执法。全省检察机关共建议行政执法机关移送侵犯知识产权案件31件34人，行政执法机关已移送案件26件29人，侦查机关已立案20件23人；督促侦查机关立案10件11人，纠正漏捕20人，追诉14人，防止以罚代刑。通过加强对知识产权诉讼活动的法律监督，不断提高知识产权保护的法治化水平。

其二，共建知识产权刑事保护平台，建立知识产权长效保护机制。2020年4月，黄埔区人民检察院联合广州开发区知识产权局、宝洁公司共同倡议成立黄埔知识产权保护联盟，由行政执法机关、司法机关、科研单位、专业机构、公司企业作为成员单位，办公机构设置在黄埔知识产权检察保护研究中心，依托黄埔知识产权大数据平台，挖掘研判知识产权侵权犯罪线索，并搭建线索移送平台，发挥联盟成员间集成优势，打击侵权、守护创新成果。2020年6月佛山市顺德区人民检察院、佛山市顺德区市场监督管理局和广东工业设计城三方联合签订了广东工业设计城知识产权刑事保护合作框架协议，共同搭建知识产权刑事保护合作平台，建立知识产权长效保护机制。多方加强交流、强化合作，有利于充分维护和保障企业的合法权益。

其三，积极研发"知识产权保护智慧检务"平台。深圳市检察院持续开发运行智慧知识产权检察系统，该系统包括知识产权一体化平台、知识产权保护服务平台、知识产权检察辅助分析平台三个子系统，共享行政执法数据、法院数据、举报线索数据等，提供入罪研判、量刑指导、知识检索等辅助办案功能，可提供咨询、风险预警等，并通过数据分析辅助领导决策。

（四）广州市知识产权行政保护成效显著

1. 广州市知识产权行政保护保护密集发力

2020年，广州市全市查办各类商标案件850宗，涉案金额915.18万元，罚款1719.42万元，查办各类专利案件1777宗，开展版权执法1400余次。截至2020年底，广州海关共扣留侵权嫌疑货物2755批次，涉及货物500.8万件，涉案货值1814.9万元；黄埔海关累计查扣涉嫌侵权货物约500万件，案值近1400万元。

广州市中级人民法院组建知识产权司法保护专项工作领导小组，两级法院共受理知识产权民事案件65593件，受理涉知识产权执行案件5074件，执行到位金额人民币约2.2亿元。广州知识产权法院全年共新收各类案件13738件，其中专利权纠纷案件6905件，比2019年增长80.28%；各类商标和不正当竞争纠纷案件1132件，比2019年增长41.85%；各类著作权纠纷案件5284件，同比减少了32.48%。广州互联网法院全年共受理知识产权类案件27792件，占全院总收案数的49.53%。

2. 广州市知识产权行政保护成果丰硕

一方面，中国（广州）知识产权保护中心获批筹建，为广州市高端装备制造产业和新材料产业提供国家级知识产权快速协同保护工作平台。2020年中国广州花都（皮革皮具）知识产权快速维权中心专利授权量达2684件，居全国快速维权中心第一名。另一方面，中新知识城深入推进国家知识产权运用和保护综合改革试验，打造知识产权保护样板区。全市11区全覆盖建立重点产业知识产权维权援助与保护工作站。全国首单知识产权海外侵权责任保险落地广州黄埔，为投保企业提供 725 万元风险保障，护航企业"走出去"，维权援助工作进一步强化。此外，广州市司法局指导成立全省首个粤港澳大湾区知识产权矛盾纠纷调解中心，指导全市 7 个知识产权纠纷人民调解委员会调解知识产权纠纷 3736 件，调解作用得到充分发挥。

3. 广州知识产权行政保护与效益提升

广州知识产权交易中心建设国际知识产权交易平台和"知交汇"知识产权交易商城，完成交易额 41.24 亿元，其中技术合同占 29.94 亿元，专利占 8.51 亿元，版权占 2.79 亿元。广州开发区成立全国首家知识产权金融服务中心，设立全省首家重点产业知识产权运营中心南方电网知识产权运营中心。华南（广州）技术转移中心正式上线的"华转网"实现与港澳线上平台互联互通。广州市充分发挥市重点产业知识产权运营基金作用，开展 10 笔科技企业股权投资，投资金额约 2.86 亿元。广州开发区新发行 2 支知识产权证券化产品，融资 4.34 亿元。广州市市场监督管理局出台《广州市知识产权质押融资风险补偿基金服务企业应对疫情困难线上办理工作指引》，提高质押融资补贴标准。2020 年，全市知识产权质押项目 475 个，质押专利 1805 件，质押商标 52 件，质押融资额 73.43 亿元，融资额同比增长 35.2%。其中，专利权质押融资 66.77 亿元，商标权质押融资 6.66 亿元。

4. 广州市知识产权行政保护管理服务优化

2020 年，广州市修订《广州市知识产权工作专项资金管理办法》《广州市黄埔区 广州开发区 广州高新区知识产权专项资金管理办法》《广州市作品著作权登记政府资助办法》，印发《广州市知识产权运营服务体系建设中央专项资金管理办法》，南沙区发布国内首部自贸区知识产权保护促进规范性文件《广州南沙新区（自贸片区）知识产权促进和保护办法》。同时，推动企业进一步贯彻落实《企业知识产权管理规范》等国家标准，截至 2020 年底，全市贯标企业共 5072 家。

依托国家级知识产权保护中心，广州市推进建设人工智能、新能源汽车、高技术船舶与海洋工程装备等高端制造产业和新材料产业专利预审快速通道，缩短专利授权时间。疫情防控相关作品实行免费著作权登记，作品著作权资助期限在疫情期适当延长。

国家知识产权局商标业务南沙受理窗口为公众提供高效便捷的商标服务。国家知识产权局专利局专利审查协作广东中心设立第三批知识产权服务工作站。越秀知识产权综合服务中心打造集公证、调解、行政执法、司法保护等全链条、一站式的知识产权综合服务平台。

（五）《珠海市知识产权司法与行政协同保护框架协议》签订

2021年4月26日，由珠海市市场监督管理局（知识产权局）牵头，中共珠海市委宣传部、珠海市公安局、珠海市司法局、珠海市农业农村局、珠海市文化广电旅游体育局、珠海市中级人民法院、珠海市人民检察院、中国（珠海）知识产权保护中心、珠海仲裁委员会10家单位在横琴粤澳合作中医药科技产业园共同签订《珠海市知识产权司法与行政协同保护框架协议》。

《珠海市知识产权司法与行政协同保护框架协议》的签订，是贯彻落实党的十九大和十九届二中、三中、四中、五中全会精神，深刻领会习近平总书记在中共中央政治局第二十五次集体学习会上的重要讲话精神，落实珠海市知识产权战略实施工作联席会议制度关于统筹加强全市知识产权创造、保护、运用、管理和服务工作部署的重要举措，进一步加强各部门在知识产权行政保护方面的交流协作，有利于统一知识产权行政执法标准和司法裁判标准、完善行政执法和司法衔接机制、构建知识产权大保护工作格局，强化知识产权保护的整体合力。

珠海市知识产权创造、运用、保护、管理和服务水平不断提升，每万人口发明专利拥有量为97.36件，连续十年位居全省第二。在"十三五"期间，珠海市推进知识产权管理体制改革；推动知识产权制度建设，管理水平进一步提升，在全省率先制定《强化知识产权保护的若干措施》；高标准打造知识产权保护高地，提升知识产权保护成效；保质增量，知识产权质量效益快速提升，深入推进国家知识产权示范城市建设；加强港澳合作，知识产权国际合作交流取得新进展；优化知识产权公共服务，不断夯实知识产权事业发展基础，成立广东（珠海）分析评议中心。2021年，珠海市将高质量完成知识产权事业"十四五"规划编制；高标准推进国家知识产权示范城市建设；贯彻落实《强化知识产权保护的若干措施》；高标准建设好中国（珠海）知识产权保护中心。

第三章　2020年广东省海外专利布局报告

一、引　言

（一）报告背景

2020年注定是不平凡的一年，疫情肆虐全球、中美贸易战不断升级，在中国共产党和中国政府的坚强领导下，国内疫情防控得力，已基本摆脱疫情的影响，政府对经济结构调整的成效初显。中国经济在制造业和双循环经济的带动下持续复苏。

广东省全面贯彻党中央、国务院决策部署，坚定不移贯彻新发展理念，认真落实"1+1+9"工作部署，决胜全面建成小康社会取得决定性成就，"十三五"规划主要目标任务顺利完成，高质量发展迈出坚实步伐，为开启全面建设社会主义现代化新征程奠定坚实基础。

根据国家统计局数据，广东省2020年实现地区生产总值110760.94亿元，比2019年增长2.3%。其中，第一产业增加值4769.99亿元，增长3.8%，对地区生产总值增长的贡献率为6.4%；第二产业增加值43450.17亿元，增长1.8%，对地区生产总值增长的贡献率为33.7%；第三产业增加值62540.78亿元，增长2.5%，对地区生产总值增长的贡献率为59.9%。三次产业结构比重为4.3∶39.2∶56.5，第三产业所占比重比2019年提高0.7个百分点。新经济增加值27862.23亿元，增长3.0%，占地区生产总值的25.2%。工业生产者出厂价格比上年下降1.0%，其中高技术类下降0.5%，能源类下降8.0%；轻工业下降0.3%，重工业下降1.4%；生产资料下降1.4%，生活资料下降0.3%；初级产品下降4.1%，中间产品下降0.9%，最终产品下降 1.0%；采矿业下降 7.1%，制造业下降 0.8%，电力、热力、燃气及水生产和供应业下降 2.7%。

在受到疫情和中美贸易战的双重影响下，广东省企业成绩依然突出。全年全省专利授权总量 70.97 万件，比 2019 年增长 34.6%，居全国首位；其中，发明专利授权量 7.07 万件，增长 18.3%。全年 PCT 专利申请量 2.81 万件，居全国首位，截至 2020 年底，全省有效发明专利量 35.05 万件，居全国首位；每万人口发明专利拥有量 28.04 件。全年共有 8.66 万家企业获得专利授权 52.57 万件，其中 1.25 万家企业有发明专利授权 5.90 万件。全年经各级科技行政部门登记技术合同 39845 项；技术合同成交额 3465.92 亿元，增长 52.5%。全省高新技术企业超 5.3 万家；高新技术产品产值 7.8 万亿元，比 2019 年增长 3.6%。拥有国家重点实验室 30 个，国家工程实验室 15 个、国家工程技术研究中心 23 个、省实验室 10 个、省级工程技术研究中心 5944 个；国家—地方联合工程研究中心 45 个、国家认定企业技术中心 87 个、省工程实验室 108 个、省级企业技术中心 1434 个。

2020 年广东省海外专利布局报告将立足当前的时代背景，围绕广东省在"卡脖子"的关键核心技术攻关任务和"疫情攻坚"技术领域的海外布局情况，从整体和三个重点行业分析海外专利布局情况，分别是半导体和集成电路产业、人工智能产业、生命健康产业。主要从技术、法律和市场三个角度结合宏观和微观的视角进行分析。

（二）数据样本介绍

1. 检索工具

本报告采用智慧芽专利数据库作为主要检索工具。智慧芽专利数据库侧重于应用，是方便易用的专利检索查询工具，软件基于 B/S（浏览器/服务器）架构模式，实现异地远程数据共享，满足异地访问、数据共享管理需求，用户无需进行软件安装即可轻松访问。智慧芽专利数据库收录了 116 个国家、地区和组织，总数超过 1.5 亿余条专利数据。

检索范围：欧洲、世界知识产权组织、美国、日本、英国、法国、俄罗斯、韩国、德国、瑞士、意大利、加拿大、奥地利、欧盟、西班牙、澳大利亚、印度、巴西、阿根廷、墨西哥等其他112个国家、地区和组织（中国除外）。

2. 数据来源

本报告的数据范围是统计广东省在2001—2020年海外专利的申请量，以为后续分析广东省海外专利总体情况提供数据基础。根据新冠肺炎疫情时期广东省行业发展状况以及国家知识产权局发布的《国际专利分类与国民经济行业分类参照关系表（2018）》，全面检索和分析广东省重点行业的海外布局情况，以此反映广东省重点行业在海外专利所属状况。

3. 检索步骤

第一步，将广东省及其地级市的中文、英文、日文、韩文表达运用布尔逻辑符"OR"连接。

第二步，使用检索命令"AN-ADD"原始申请（专利权）人地址、"ANC-ADD"当前申请（专利权）人地址、"ALL_AN"［全字段］申请（专利权）人对广东省及其地级市的中、英、日、韩文表达申请的所有专利进行限定。

第三步，使用检索命令"PNC"（专利受理局）将中国（含港澳台地区）的专利去除。

第四步，使用检索命令"AD"（专利申请日）筛选出在2001—2020年申请的专利。

第五步，选择"每件专利显示一件公开文本"，最终得到广东省的申请人在近二十年间在海外申请的专利数据。

第六步，广东省的海外专利数据运用智慧芽专利数据库的矩阵分析、3D专利地图及英策的专利分析功能进行统计，得到广东省申请人2001—2020年在海外申请的专利布局情况（部分可视化数据只显示近十年）。

4. 数据滞后及误差说明

由于发明专利国际普遍采用的是"早期公开，延期审查制"，即从申请日起18个月内公告，申请人可以提出提前公开的请求。实用新型制度采取的是形式审查制（大部分国家并不存在实用新型制度，例如美国），通常在6至8个月内公开，所以专利数据的公开存在一定的滞后性。由于通过PCT途径进入国家阶段的最长时间是自申请日起 30 个月或 32 个月，在这个时期内，专利会进入具体的国家。随后由具体国家根据当地的法律对专利进行审查或公开。由此，海外专利的数据在近两年（2019—2020 年）并不完整。

二、2020 年广东省海外专利布局总体分析

本章对广东省 2001—2020 年的海外（不包括港澳台地区）专利情况进行统计，并分析广东省在海外的专利布局情况。共检索到 375380 件专利，检索截止日期为 2021 年 4 月 21 日。

（一）海外专利年申请趋势分析

对广东省在海外专利申请的年份进行统计分析，结果如图 3 - 1、图 3 - 2 所示。其中，专利授权率表明申请的有效率以及最终获得授权的提交申请成功率。空白柱代表申请总量，灰色柱表示当前时间段申请专利的被授权量。如果 2012 年专利申请在 2014 年获得授权，授权专利将在 2012 年专利申请中灰色显示。

由图 3 - 1、图 3 - 2 可知，广东省的海外专利申请量呈现持续增长态势。2001—2020 年，广东省的海外专利年申请趋势可以划分为萌芽期（2001—2008 年）、爆发期（2009—2017 年）和持续增长期（2018—2020 年）三个时期。

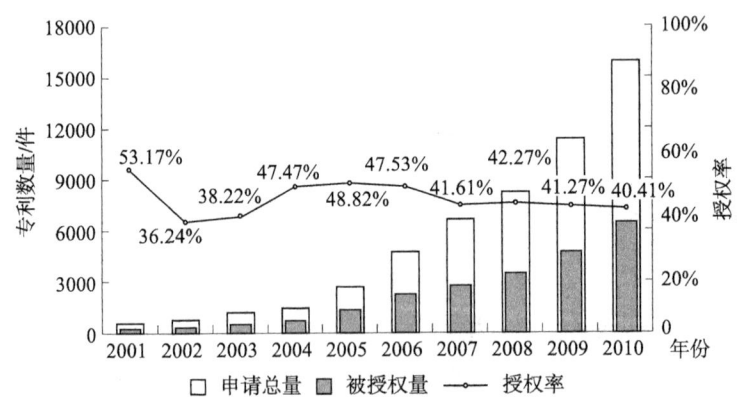

图 3 - 1　2001—2010 年广东省海外专利申请、授权及授权率趋势

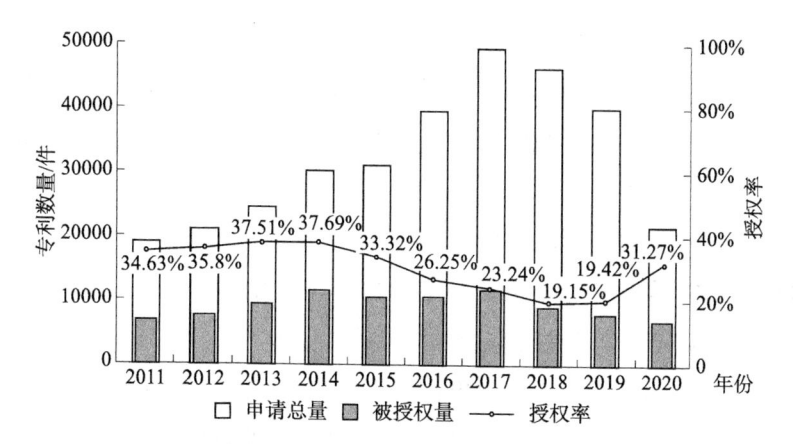

图 3-2 2011—2020 年广东省海外专利申请、授权及授权率趋势

1. 萌芽期（2001—2008 年）

专利申请量缓慢增长，由 2001 年不到 300 件的申请量，增长到 2008 年的 8000 多件，增长了约 26 倍。其原因可能是，中国于 2001 年加入世界贸易组织，为应对国际竞争压力、满足拓展国际市场的需求，广东省开始逐渐增加对海外专利布局的重视程度；同时，世界知识产权组织于 2001 年 4 月 26 日设立世界知识产权日，并决定从 2001 年起将每年的 4 月 26 日定为"世界知识产权日"，其营造了鼓励知识创新和保护知识产权的法律环境，使得树立尊重知识、崇尚科学和保护知识产权的意识逐渐增强。

为促进知识产权的发展，广东省人民政府于 2007 年 11 月 6 日发布《广东省知识产权战略纲要（2007—2020 年）》，国务院于 2008 年 6 月 5 日印发了《国家知识产权战略纲要》，在纲要的引领下，广东省政府加大对知识产权的经济投入，将该项投入列入省级预算，保障知识产权工作开展的顺利进行。

同时，广东省政府 2007 年印发了《广东省知识产权局、财政厅国（境）外专利申请资助办法》，其中指出，致力于在经济层面推动专利的申请工作，减少省内企事业单位和个人申请发明专利的费用，对获得授权的美国、日本和欧洲国家的发明专利，每项资助 3 万元，其他国家的发明专利，每项资助 2 万元。综上，省政府的大力扶持，助力了广东省海外申请量的大爆发。

2. 爆发期（2009—2017 年）

广东省海外专利数量在 2009 年突破 1 万件，2012 年突破 2 万件，2015 年突破 3 万件，2016 年接近 4 万件，2017 年接近 5 万件。可见，广东省的海外专利数量在 2009—2015 年以每三年增长 1 万件的速度递增。2015—2017 年以每年一万件的速度递增，增长速度迅猛。

其原因可能是，在全球经济一体化影响下，中国对知识产权保护力度逐年加大，知识产权保护法律法规体系更加完善。①《广东省知识产权战略纲要（2007—2020 年）》中指出：大力培育发展有较强国际竞争力的龙头企业；在制度建设方面，建立知识产权重大涉外案件上报制度和法律援助制度。②国务院于 2008 年 6 月 5 日印发了《国家知识产权战略纲要》，其中重点提到"近五年的目标是：自主知识产权水平大幅度提高，拥有量进一步增加。本国申请人发明专利年度授权量进入世界前列，对外专利申请大幅度增加"。③2010 年修改的《专利审查指南》《专利法实施细则》同步施行，进一步完善发明专利实质审查标准；国务院部署 2010 年 10 月至 2011 年 3 月，在全国开展打击侵犯知识产权和制售假冒伪劣商品专项行动。④2012 年 11 月，党的十八大指出：实施创新驱动发展战略，把科技创新摆在国家发展全局的核心位置。要坚持走中国特色自主创新道路，以全球视野谋划和推动创新，提高原始创新、集成创新和引进消化吸收再创新能力，更加注重协同创新。2009—2017 年，知识产权法律法规、制度的建立和完善大大推动了广东省的海外专利布局，为海外专利申请的持续健康发展提供了保障。

3. 持续增长期（2018—2020 年）

2018—2020 年，海外专利申请数量的下降则可解释为专利数据更新的滞后性。2019 年 12 月以来，新冠肺炎疫情在全世界爆发，在疫情的影响下，大多数行业受到严重影响；另外，知识产权权利丧失和恢复问题突出，也是导致海外申请数量可能存在下降趋势的原因。

在此期间，国家和广东省进一步加大政策支持力度。从 2017 年开始，广东省强化知识产权的创造和运用，对小微企业首件发明专利授权的申请费用、代理费给予全额补贴，对年授权专利达 10 件以上，增长率超过 30% 的企业给予奖励。2018年，第十三届全国人民代表大会第一次会议举行第四次全体会议，将国家知识产权局的职责、国家工商行政管理总局的商标管理职责、国家质量监督检验检疫总局的原产地地理标志管理职责整合，重新组建国家知识产权局，由国家市场监督管理总局管理，重组后的国家知识产权局牵头制定知识产权强国战略，以保证接续和延展的国家战略实施起来更加顺畅，效果更加显著。2019年3月，商务部、国家知识产权局等5部委将知识产权服务纳入《鼓励进口服务目录》（2019年第14号），根据目录，服务贸易创新发展试点地区符合条件的企业，可依照有关规定享受贴息政策；将知识产权服务纳入全国鼓励外商投资产业目录；国家知识产权局印发《在自由贸易试验区开展专利代理机构执业许可审批告知承诺改革试点实施方案》。2020年，广东省委、省政府出台《关于强化知识产权保护的若干措施》，强化顶层设计、完善保护体系、构建保护新格局；同年，在广东省首次设立国家海外知识产权纠纷应对指导中心地方分中心，为加强知识产权海外保护提供有力支撑。广东省分别设立国家海外知识产权纠纷应对指导中心广东分中心、深圳分中心，用于开展海外知识产权纠纷应对指导工作，建立海外风险监控机制、海外纠纷信息共享机制、海外维权服务机制。全国首单知识产权海外侵权责任险在广州落地，为企业"走出去"保驾护航。

可见，广东省对于海外知识产权的保护力度大、重视程度高，广东省的优势企业和示范企业海外专利布局位居我国前列，并积极进行海外专利布局，提升中国企业的国际竞争力。

（二）海外专利法律状态

通过专利有效、失效、审查中等状态的占比分析，可以帮助衡量广东省海外专利的活跃程度。如图3-3所示，通常情况下，在审状态的专利占比越大，近期创新活力越高。其中，未确认状态为无数据的情况。对广东省海外专利的简单法律状态进行统计，得出广东省专利法律状态的所占百分比。

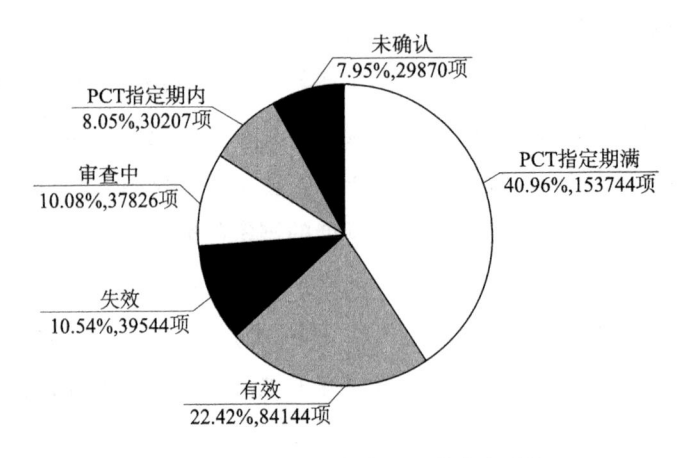

图 3-3　广东省海外专利法律状态统计

经过统计，总体样本数据中能够获取有效法律状态的专利数量为 221591 项，处于终局状态（失效、有效）的专利有 123688 项，占 32.96%。终局状态的专利中，绝大多数处于有效状态，有效专利数量为 84144 项，失效专利 39544 项，说明广东省申请人在专利申请时愈发重视授权问题，不断对技术本身及代理能力提高要求。另一方面，随着各国审查员的技术检索能力不断提高，对专利创造性判断愈发客观，专利技术含量水涨船高，说明广东省申请人的技术创新能力不断提升。处于审查中（公开）的专利有 37826 项，占 10.08%。结合 2020 年广东省海外专利授权率❶（31.27%），可以预见公开但处于未决定是否授权状态的专利具有较好的专利授权前景。

（三）海外专利类型分布

专利类型的分布反映该技术领域的申请人创新水平，其中，通常情况下，发明专利相对于实用新型的占比，可以反映该领域的创新程度。对广东省在海外申请的专利类型进行统计，得出广东省 3 种专利类型的所占百分比，如图 3-4 所示。

---

❶ 2020 年有大量专利处于审查中。

图 3-4 广东省海外专利发明、
实用新型、外观设计申请量分布

由图 3-4 和表 3-1 可知，在 375335 件海外专利中，有 345449 件专利是发明专利，占海外专利总数的 92.04%；实用新型专利数量最少，仅为 3195 件，占海外专利总数的 0.85%，海外发明专利和实用新型专利的比例达到了 1∶108；外观设计专利数量为 26691 件，占海外专利总数的 7.11%。可见海外申请中，发明专利占比最大，而在国内申请中，实用新型专利占比最大。当专利权人就同一发明创造向多个国家申请专利时，通过 PCT 途径只需向世界知识产权组织提出一次申请，就可在 PCT 其他成员国具有效力，但世界知识产权组织仅接受申请，最终是否授权由其成员国决定。因此，通过 PCT 途径申请的技术方案多为创新性较高的发明专利。与国内专利相比，海外专利的质量和技术的保护程度更高，可能原因如下。

（1）通常只有技术创新度或市场价值较高的专利才会考虑进行海外专利申请，且发明相对于实用新型具有较长的保护期限。因此，海外专利布局的成本比单在国内申请的成本高得多。只有具有一定期望价值且其期望价值远高于布局成本的专利才会进行海外申请。

（2）从企业申请专利的目的出发，实用新型、外观设计不用经过实质性审查、申请门槛低，但当企业进入海外后，更希望通过创新性强的专利在国外市场夺得一席之地，发明专利需经过实质审查，稳定性强于实用新型和外观设计。若专利被判无效，轻则利润得不到保障，重则对其海外市场的布局造成破坏。因此，企业较少选择向海外申请实用新型和外观设计专利。

（3）申请的专利技术不适合通过实用新型进行专利保护。实用新型是对产品的形状、构造或者其结合所提出的适于实用的、新的技术方案。例如在广东省内申请量占比较大的通信领域，大量的方法专利通过发明专利进行保护更为合适。

（4）由于各国专利法律的不同，部分国家专利法中没有实用新型这一专利类型。如美国专利类型仅包括发明专利、外观设计专利和植物专利。

表3-1 2001—2020年广东省海外专利申请量及发明专利占比   单位：件

申请年	发明	实用新型	外观设计	发明占比
2001	210	5	69	73.94%
2002	755	16	21	95.33%
2003	1077	25	31	95.06%
2004	1333	24	48	94.88%
2005	2565	26	74	96.25%
2006	4512	51	150	95.74%
2007	6348	72	211	95.73%
2008	7890	103	238	95.86%
2009	11062	85	220	97.32%
2010	15572	103	268	97.67%
2011	18440	134	381	97.28%
2012	20446	136	435	97.28%
2013	23615	192	624	96.66%
2014	28992	205	778	96.72%
2015	29644	195	1035	96.02%
2016	37025	342	2297	93.35%
2017	45092	366	4007	91.16%
2018	41451	348	4500	89.53%
2019	34475	321	5249	86.09%
2020	14945	446	6055	69.69%

（四）目标市场

分析广东省海外专利主要布局的国家/地区和专利申请量的多少在一定程度上反映了对目标市场的关注程度。从而帮助企业进行战略布局时，评估哪些是需要主要关注的国家/地区，以及哪些国家/地区均未被布局，是否可能成为潜在的目标市场。对广东省海外专利在目标市场的申请量进行统计和分析，如图3-5所示。❶

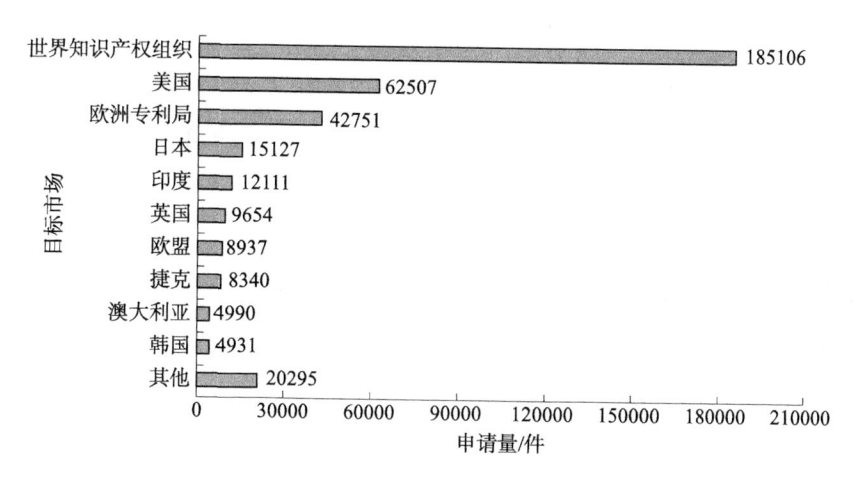

目标市场	申请量/件
世界知识产权组织	185106
美国	62507
欧洲专利局	42751
日本	15127
印度	12111
英国	9654
欧盟	8937
捷克	8340
澳大利亚	4990
韩国	4931
其他	20295

图3-5 广东省海外专利在主要目标市场的申请数量

由图3-5可知，广东省海外专利通过PCT途径申请的数量有185106件，占海外专利总数的49.32%，且具有以下特点。

第一，主要申请集中在美国、欧洲、日本、韩国。广东省申请人在美国布局的专利数量有62507件，在欧洲布局的专利数量有42751件，在日本布局的专利数量有15127件，在韩国布局的专利数量有4931件。

第二，在印度的专利申请量共有12111件。可见，广东省企业在印度进行较多的专利布局，其专利申请数量甚至超过韩国。在印度有较多专利布局的原因可能是，首先，印度是我国的重要邻国。印度位于南亚，是世界人口第二大国，与我国接壤。其次，印度是金砖国家之一，是新兴国家经济体的

---

❶ 图中每件专利申请显示一个专利公开文本的去重规则进行统计。

重要代表。近年来，印度的经济增长引人注目，在实行开放和经济"自由化"政策之后，印度扭转了长期停滞落后的状况，综合国力有了较大增强。印度产业多元化，除传统工业外，近年来服务业增长迅速，成为全球软件、金融等服务业最重要出口国，在新兴的信息软件产业领域，其实力仅次于美国。最后，印度是我国"一带一路"建设的重要发展对象。印度作为南亚第一大国，是"一带一路"的重要节点国家。因此，在印度进行相关专利布局不可落后。

第三，重视在欧洲进行专利申请。广东省申请人在英国布局的专利数量有 9654 件，在捷克布局的专利数量有 8340 件，在西班牙布局的专利数量有 2758 件，在德国布局的专利数量有 2351 件。欧洲是企业对外出口的重要市场，企业与这些国家和地区的贸易往来频繁，必须进行相应的专利布局。由于专利申请和后续维护成本的不同，企业有时会选择仅在欧洲某个国家申请专利而不是申请欧洲专利，当企业在整个欧洲地区都有业务拓展的时候，选择通过欧洲专利局申请专利能够保证企业专利在整个欧洲的排他性权利，如果企业并不会在欧洲众多国家进行贸易的话，只选择某个或某些重点国家进行专利布局会更节约成本。

第四，在东南亚邻国的专利布局也比较多，在越南布局的专利数量有 2491 件，在新加坡布局的专利数量有 2191 件，在印度尼西亚布局的专利数量有 1522 件，在马来西亚布局的专利数量有 1459 件。东南亚部分国家毗邻中国，广东省的企业与这些国家贸易往来频繁，在东南亚国家进行专利布局至关重要。

（五）目标市场趋势分析

分析广东省海外专利在目标市场的申请趋势，帮助了解在该技术领域随时间变化的地域布局情况。对广东省海外专利申请在目标市场的趋势分析进行统计，结果如图 3-6 和表 3-2、表 3-3 所示。

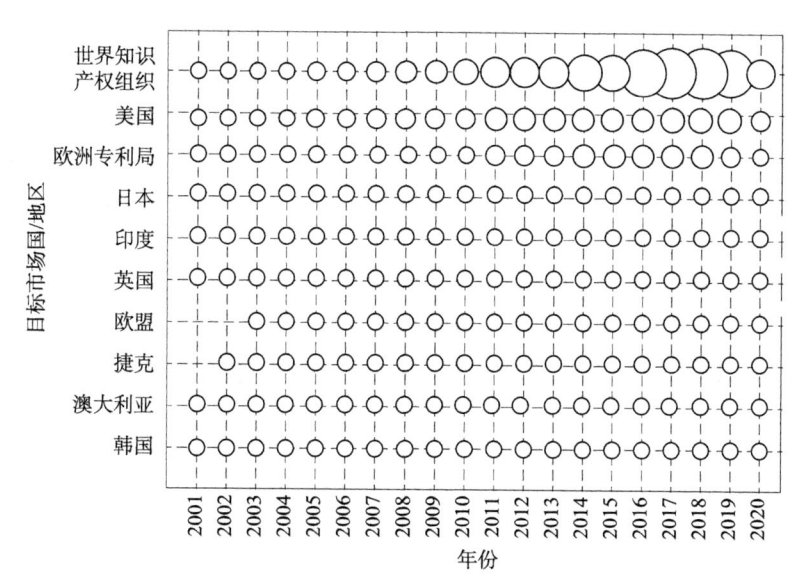

图 3-6　广东省海外专利在目标市场的申请趋势

注：图中圆圈大小表示申请量多少。

表 3-2　2001—2010 年广东省海外专利在目标市场的申请量　　　单位：件

目标市场	2001年	2002年	2003年	2004年	2005年	2006年	2007年	2008年	2009年	2010年
世界知识产权组织	68	216	310	504	1002	1897	2700	3217	4480	6791
美国	115	152	196	336	637	1096	1721	2196	3279	3944
欧洲专利局	21	69	100	169	352	658	992	1261	1646	2399
日本	11	17	52	81	159	220	239	236	349	607
印度	1	6	5	8	35	84	102	126	257	341
英国	5	12	10	11	18	18	26	40	57	81
欧盟	0	0	8	9	12	50	65	87	101	100
捷克	0	15	52	86	183	286	289	328	444	676
澳大利亚	28	206	279	28	29	40	53	51	89	173
韩国	1	5	4	11	30	16	25	50	46	75

表 3-3　2011—2020 年广东省海外专利在目标市场申请量　　　单位：件

目标市场	2011 年	2012 年	2013 年	2014 年	2015 年	2016 年	2017 年	2018 年	2019 年	2020 年
世界知识产权组织	9138	9522	11220	13619	15271	22305	26006	24735	22330	9775
美国	4345	4526	4018	5423	4807	4875	6606	6064	5227	2944
欧洲专利局	2296	2807	3954	4555	3894	4034	5369	5453	2497	225
日本	598	879	1233	1569	1296	1591	2169	1835	1097	889
印度	549	634	321	364	932	1060	1450	1548	2508	1780
英国	93	111	187	276	453	722	1292	1583	2083	2576
欧盟	129	150	178	232	314	569	1219	1348	1774	2592
捷克	711	854	954	755	846	920	659	243	37	2
澳大利亚	130	214	298	300	273	352	807	886	487	267
韩国	72	111	348	828	923	918	813	518	134	3

由图 3-6、表 3-2 和表 3-3 可知，通过 PCT 途径申请的专利数量呈现持续增长趋势，基本与广东省海外专利申请量增长趋势相同。2001—2020 年，广东省的海外专利年申请趋势可以划分为萌芽期（2001—2008 年）、爆发期（2009—2017 年）和持续增长期（2018—2020 年）三个时期。其中 2018—2020 年，海外专利申请数量的下降是因为部分专利还在审查中未予公开；同时，2019 年 12 月以来新冠肺炎疫情在全世界爆发，在疫情的影响下，大多数行业受到严重影响，知识产权权利丧失和恢复问题突出，导致海外申请数量可能存在下降趋势。

（六）技术构成分析

分析技术领域主要技术分支的占比情况，可以帮助了解各技术分支的创新热度。当前技术布局的空白点很可能是潜在的机会。对广东省海外专利申请的技术构成（以小类）进行统计，得出广东省海外专利技术构成如图 3-7 和表 3-4 所示。

图 3-7 中各部分数据：
- H04M1 6.04%,8732件
- H04B7 5.75%,8300件
- H04L12 20.63%,29796件
- H04L5 6.19%,8935件
- H04L1 6.59%,9514件
- G02F1 6.65%,9622件
- H04W72 15.13%,21860件
- H04W4 8.82%,12736件
- G06F3 9.20%,13290件
- H04L29 15.00%,21665件

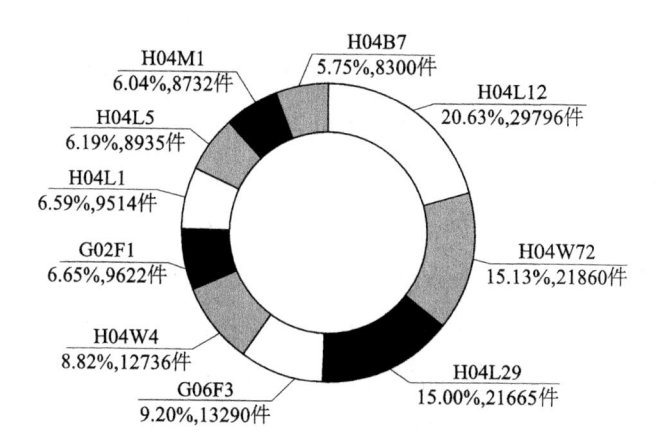

图 3-7　广东省海外专利技术构成

表 3-4　广东省海外专利技术构成

分类号	定义	专利数量/件	占比
H04L12	数据交换网络（存储器、输入/输出设备或中央处理单元之间的信息或其他信号的互连或传送入 G06F13/00）〔5, 2006.01〕	29796	20.63%
H04W72	本地资源管理，例如，无线资源的选择或分配或无线业务量调度〔2009.01〕	21860	15.13%
H04L29	H04L1/00 至 H04L27/00 单个组中不包含的装置、设备、电路和系统〔5〕	21665	15.00%
G06F3	用于将所要处理的数据转变成为计算机能够处理的形式的输入装置；用于将数据从处理机传送到输出设备的输出装置，例如，接口装置〔4〕	13290	9.20%
H04W4	专门适用于无线通信网络的业务；设施〔2009.01, 2018.01〕	12736	8.82%
G02F1	控制来自独立光源的光的强度、颜色、相位、偏振或方向的器件或装置，例如，转换、选通或调制；非线性光学〔1, 2, 4, 2006.01〕	9622	6.65%
H04L1	检测或防止收到信息中的差错的装置	9514	6.59%
H04L5	为传输通道提供多用途的装置	8935	6.19%
H04M1	分局设备，例如用户使用的（交换机提供的用户服务或设备入 H04M3/00；预付费电话硬币箱入 H04M17/00；电流供给装置入 H04M19/08）〔1, 7〕	8732	6.04%
H04B7	无线电传输系统，即使用辐射场的（H04B10/00, H04B15/00 优先）	8300	5.75%

由图 3-7 和表 3-4 可知，广东省在 H04L12 技术领域布局专利数量最多，达到 29796 件，占海外专利总申请的 20.63%；在 H04W72 技术领域布局数量排名第二，为 21860 件，占海外专利总申请的 15.13%；在 H04L29 技术领域布局的数量排名第三，为 21665 件，占海外专利总申请的 15.00%。同时，在海外专利申请数量第四至第十的排名中，有 5 个技术领域位于 H04 大类（电通信技术），另外两个分别位于 G06 大类和 G02 大类。

通过分析发现，海外专利申请量排名前三名的技术领域均在 H04 的电通信技术领域。广东省是信息通信产业大省，电子信息制造业、软件和信息服务业规模多年位居全国第一。华为、腾讯、中兴等电子通信行业巨头带领一批上下游产业为广东省的经济发展、产业升级提供了强有力的保障和推动。同时，广东省是制造业大省，服务业发达，拥有丰富的数字化应用市场和融合发展空间，产业数字化处于全国领先水平，以互联网与制造业融合为主体的融合型数字经济发展趋势明显。并且广东省拥有一大批实力强劲的数字经济骨干企业，拥有信息技术领域上市公司 123 家，数量超过北京和上海之和，居全国首位。因此，广东省在电通信技术领域的专利申请较多。

（七）技术分支申请趋势

对广东省海外专利申请的技术分支趋势进行统计，得到如图 3-8、表 3-5 所示的结果。

由图 3-8 和表 3-5 可知，作为海外专利申请数量排名首位的 H04L12 技术领域在 2001 年的海外专利申请量仅为 1 件，在 2002—2005 年开始缓慢增长，此阶段为数据交换网络技术领域的萌芽期。在该阶段，研究和开发主要集中在少数几个公司，专利申请量与专利申请人数量都不多，集中度较高。

2006 年，数据交换网络技术领域的专利数量增长至 1200 余件，相比 2005 年增长 600 余件，约为 2005 年该技术领域申请总量的两倍，可见，数据交换网络技术领域的专利申请数量在 2006 年迅猛增长。该阶段，数据交换网络技术有了突破性的进展，随着市场扩大，介入的企业增多，专利申请量与专利申请人数量急剧上升。

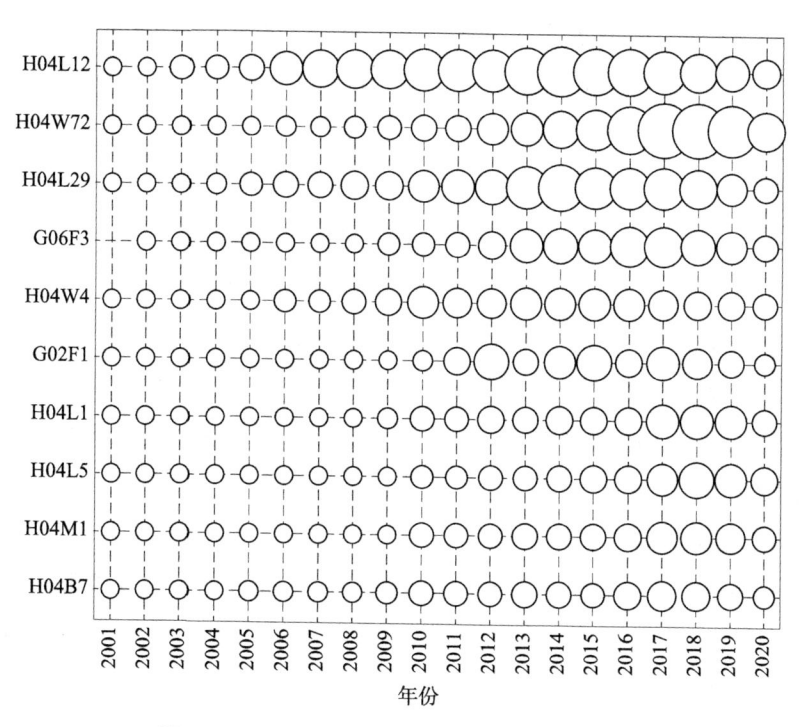

图 3-8 广东省海外专利申请的技术分支趋势

注：图中圆圈大小表示申请量多少。

表 3-5　2011—2020 年广东省海外专利申请的技术分支情况　　　单位：件

分类号	2011年	2012年	2013年	2014年	2015年	2016年	2017年	2018年	2019年	2020年
H04L12	2106	2003	2525	2766	2440	2372	2144	1655	1383	773
H04W72	681	1079	1343	1539	1846	2456	3535	3404	2870	1571
H04L29	1343	1408	2120	2459	1940	2005	2052	1685	1206	591
G06F3	554	702	1271	1455	1340	1934	2021	1533	1077	584
H04W4	948	886	1243	1321	1200	1160	927	779	749	477
G02F1	821	1393	594	1181	1373	707	1291	1020	651	117
H04L1	474	583	728	790	770	831	1190	1381	1119	524
H04L5	243	449	586	678	735	879	1110	1525	1287	745
H04M1	490	400	637	800	644	942	1144	1194	968	531
H04B7	491	467	643	706	568	778	958	872	646	342

2006—2010 年，数据交换网络技术领域的专利数量平稳增长。此阶段，技术趋于成熟，专利数量继续增加，但专利增长的速度变慢，申请人数基本维持不变。

2011 年，数据交换网络技术领域的专利数量突破 2000 件。2011—2017 年，每年专利申请量处于 2000—3000 件，专利数量维持稳定。

2018—2020 年，技术领域的专利数量存在一定的滞后性。H04L12 技术领域是否进入复苏期，主要取决于是否有突破性创新技术为市场注入活力。

同样，作为海外专利申请排名第二的 H04W72 技术领域和排名第三的 H04L29 技术领域的申请趋势也存在萌芽期、成长期、成熟期、衰退期和复苏期几个阶段。

（八）重要技术分支地域分布

分析各技术分支在主要国家的分布情况，可以帮助了解技术可以在哪些市场被商业化。对广东省重要技术分支地域分布进行统计，得到如图 3-9、表 3-6 所示的结果。

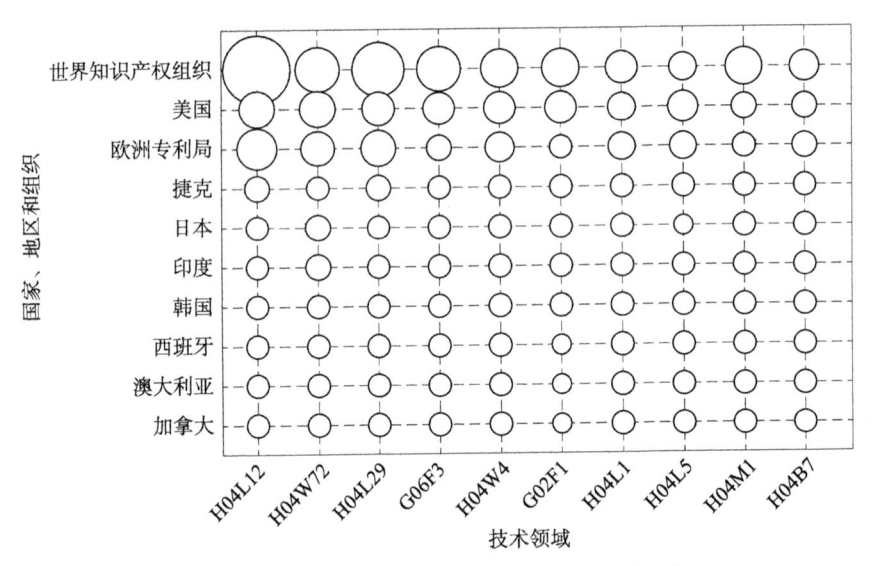

图 3-9 广东省海外专利重要技术分支地域分布

注：图中圆圈大小表示申请量多少。

表 3-6　广东省海外专利重要技术分支不同地域申请数量统计　　单位：件

分类号	世界知识产权组织	美国	欧洲专利局	捷克	日本	印度	韩国	西班牙	澳大利亚	加拿大
H04L12	14086	4585	5949	1584	701	955	264	595	262	237
H04W72	6914	4706	3659	743	1558	1047	780	141	456	358
H04L29	9951	3728	4640	1189	138	536	238	426	188	148
G06F3	6838	2966	1631	222	599	346	197	64	125	50
H04W4	5292	3115	2290	525	412	277	208	152	122	107
G02F1	5171	3388	225	33	282	34	129	11	7	5
H04L1	3478	1918	1951	392	183	481	233	119	168	129
H04L5	1855	2958	2169	570	7	270	410	139	89	85
H04M1	4572	1500	1187	245	503	230	114	129	76	20
H04B7	2803	1823	1637	420	386	299	207	125	132	94

由图 3-9、表 3-6 可知，各技术领域的海外专利申请主要以 PCT 途径进行申请。

作为海外专利申请总数量排名首位的 H04L12 技术领域，其在欧洲专利局申请的专利数量为 5949 件，排名第一；在美国的专利申请数量为 4585 件，排名第二。作为海外专利申请总数量排名第二的 H04W72 技术领域，其在美国的专利申请数量为 4706 件，排名首位；在欧洲专利局的专利申请数量为 3659 件，排名第二。作为海外专利申请总数量排名第三的 H04L29 技术领域，其在欧洲专利局申请的专利数量为 4640 件，排名首位；在美国的专利申请数量为 3728 件，排名第二。

可见，海外专利申请数量排名前三的技术领域在欧洲和美国有大量申请，这些技术领域在欧洲和美国被商业化的程度较高。值得注意的是，排名前三的技术领域在捷克的申请数量较多。

同时，海外专利申请数量排名前三的技术领域在印度的申请数量也较多，其原因可能是近年来印度服务业增长迅速，成为软件、金融等服务业重要出口国，在新兴的信息软件产业领域，其实力仅次于美国。

（九）重要技术分支主要申请人分布

对广东省重要技术分支主要申请人分布进行统计，得出广东省海外专利重要技术分支主要申请人分布，如图3-10和表3-7所示。

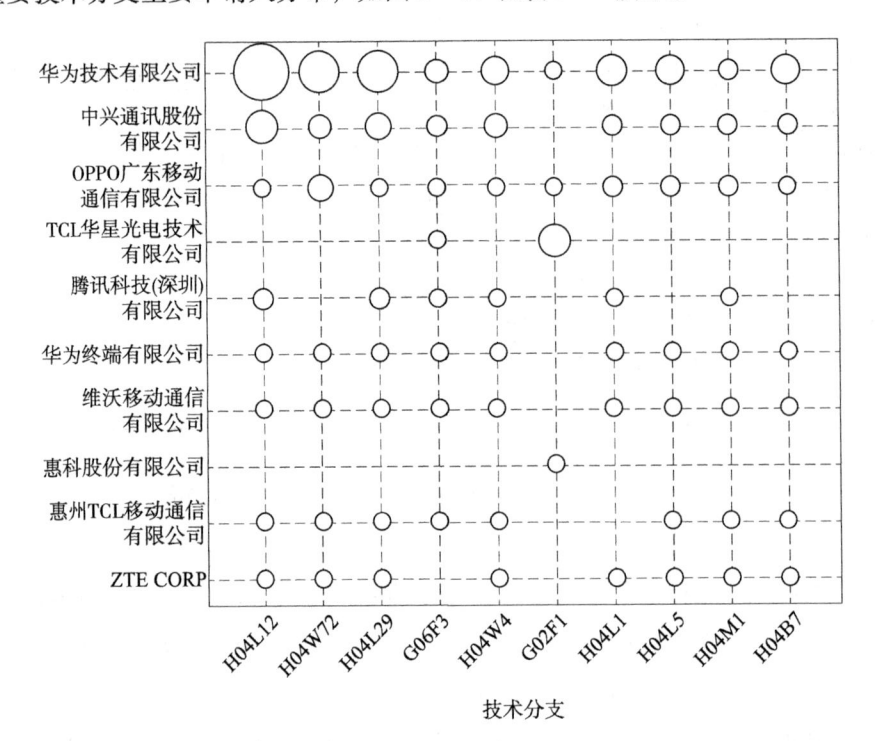

图3-10 广东省海外专利重要技术分支主要申请人分布

注：图中圆圈大小表示申请量多少。

表3-7 广东省海外专利重要技术分支主要申请人分布　　　　　　　单位：件

分类号	华为技术有限公司	中兴通讯股份有限公司	OPPO广东移动通信有限公司	TCL华星光电技术有限公司	腾讯科技（深圳）有限公司
H04L12	17976	7447	295	0	1606
H04W72	12102	3440	4855	0	0
H04L29	10599	4637	633	0	2170
G06F3	2845	1593	851	402	1148
H04W4	5843	3766	716	0	536

续表

分类号	华为技术有限公司	中兴通讯股份有限公司	OPPO广东移动通信有限公司	TCL华星光电技术有限公司	腾讯科技（深圳）有限公司
G02F1	369	0	166	6192	0
H04L1	5906	1792	1101	0	40
H04L5	5608	1338	1272	0	0
H04M1	1671	1605	1832	0	250
H04B7	5258	1553	809	0	0

由图3-10可知，在广东省海外专利申请数量排名前十的技术领域中，除G02F1和H04M1技术领域外，华为技术有限公司在其他8个技术领域中海外专利申请量均处于绝对优势。该公司是ICT（信息与通信）基础设施和智能终端提供商，多年来专注于信息与通信技术开发，其能够将这些先进的技术应用到智能终端产品等电子设备上，说明华为技术有限公司在海外专利布局上有十足的底气。

在G02F1技术领域中，TCL华星光电技术有限公司申请量达到6192件，而排名该技术领域第二的华为技术有限公司仅为369件。可见，大量的海外专利申请集中在少数的申请人手中，这些数据反映了技术高度集中的特点。

而在H04M1技术领域，OPPO广东移动通信有限公司的申请数量为1832件，华为技术有限公司的申请数量为1671件，中兴通讯股份有限公司的申请数量为1605件。

（十）主要申请人分析

广东省在海外专利申请量最多的公司为该省的优势竞争企业。对广东省海外专利申请的申请人进行统计，得出广东省海外专利申请人排名统计如表3-8所示。

表 3-8 广东省海外专利主要申请人申请量对比

主要申请人	专利数量/件
华为技术有限公司	105966
中兴通讯股份有限公司	43765
OPPO 广东移动通信有限公司	21713
TCL 华星光电技术有限公司	12480
腾讯科技（深圳）有限公司	11359
鸿海精密工业股份有限公司	7850
鸿富锦精密工业（深圳）有限公司	6258
深圳市大疆创新科技有限公司	4841
华为终端有限公司	4759
平安科技（深圳）有限公司	4565

表 3-8 列出了广东省海外专利申请排名前十的申请人及其申请的专利数量。广东省在计算机、通信和电子设备制造业的代表性企业较多，这些企业在这些行业均有较多的海外专利布局。

专利数量排名第一的是华为技术有限公司，为 10596 件，其海外申请总量明显高于排名第二的中兴通讯股份有限公司。华为技术有限公司成立于 1987 年，是一家生产销售通信设备的民营通信科技公司。在本经济行业内，其重要产品与服务包括程控交换机、传输设备、数据通信设备、宽带多媒体设备、无线通信设备、微电子产品、软件、计算机及配套设备、终端设备及相关通信信息产品、数据中心机房基础设施及配套产品等。该公司在本行业注重创新与技术研发，长年坚持将每年 10% 的销售收入投入到技术研发中。如今，它正引领着全球 5G 技术的构建，其产品和技术已经应用于全球 100 多个国家和地区。

专利数量排名第二的是中兴通讯股份有限公司，为 43765 件。中兴通讯股份有限公司是全球领先的综合通信解决方案提供商，中国主要的通信设备上市公司。主要产品包括：2G/3G/4G/5G 无线基站与核心网、IMS、固网接入与承载、光网络、芯片、高端路由器、智能交换机、政企网、大数据、云计算、数据中心、手机及家庭终端、智慧城市、ICT 业务，以及航空、铁路与城市轨道交通信号传输设备。其注重生产通信行业无线、有线、云计算、终端等产品，同时也注重技术创新。在计算机、通信和其他电子设备制造业的海外专利布局较多。

专利数量排名第三的是 OPPO 广东移动通信有限公司，为 21713 件。OPPO 广东移动通信有限公司是专注于智能终端产品、软件和互联网服务的科技公司，其业务遍及 40 多个国家和地区，拥有超过 400000 个销售网点，在全球共有六大研究所和四大研发中心，其研发和创新能力强。

专利数量排名第四的是 TCL 华星光电技术有限公司，为 12480 件。TCL 华星光电技术有限公司公司注册资本 183.4 亿元，投资总额达 443 亿元，是深圳市建市以来单笔投资额最大的工业项目，也是深圳市政府重点推动的项目。TCL 华星光电技术有限公司拥有迄今为止国内首条完全依靠自主创新、自主团队、自主建设的高世代面板线，可以为计算机、通信和其他电子设备制造业提供面板。

专利数量排名第五的是腾讯科技（深圳）有限公司，为 11359 件。腾讯科技（深圳）有限公司在电信、广播电视和卫星传输服务领域的海外专利申请数量较多，是中国主要的互联网综合服务提供商。该公司总体上在本经济行业内仍然偏向应用型技术。通过查看该公司相关专利可以发现，其虽然不擅长生产电子设备，但在电子设备相关技术上有技术创新，为其社交软件在计算机和通信设备上的使用扫清技术障碍，根据用户的需求进行调整和改进，争取提供更为友好的用户界面等。

在专利数量排名前十的专利权人中，鸿海精密工业股份有限公司有 7850 件海外专利，排名第六位，鸿富锦精密工业（深圳）有限公司紧随其后，以 6258 件排名第七位。富士康集团是鸿海精密工业股份有限公司旗下的公司，鸿富锦精密工业（深圳）有限公司是富士康集团旗下的公司，鸿富锦公司是鸿海精密工业股份有限公司的子公司。鸿海精密工业股份有限公司是全球 3C（电脑、通信、消费性电子）代工领域规模最大、成长最快、评价最高的国际集团。这样的海外专利布局数量表明，该公司不仅是代工企业，在所代工的技术领域也有自己的研发实力，并积极进行海外布局。

另外，深圳市大疆创新科技有限公司（4841件）和平安科技（深圳）有限公司（4565件）都是广东省的知名企业，其申请数量不容小觑，为广东省海外竞争优势企业。华为终端有限公司（4759件）隶属于华为技术有限公司，是华为核心三大业务之一，其产品全面覆盖手机、个人电脑和平板电脑、可穿戴设备、移动宽带终端、家庭终端和终端云。

（十一）新进入者分析

广东省在海外专利布局的新进入者[1]表明了在该领域的新型竞争。与此同时，这些新兴公司可以被视为潜在的收购或合作对象。对广东省海外专利申请的新进入者进行统计，得到表3-9。

表3-9 2016—2020年广东省海外专利申请的新进入者统计　　单位：件

申请人	2016年	2017年	2018年	2019年	2020年
平安科技（深圳）有限公司	0	867	2245	1229	224
深圳市华星光电半导体显示技术有限公司	0	904	454	675	10
深圳壹账通智能科技有限公司	0	11	190	256	168
瑞声声学科技（深圳）有限公司	9	8	24	504	13
深圳传音通讯有限公司	0	440	1	11	2
深圳市欢太科技有限公司	0	97	183	107	5
深圳市盛路物联通讯技术有限公司	0	277	0	0	0
惠州市华星光电技术有限公司	0	11	191	66	1

由表3-9可知，平安科技（深圳）有限公司在2017—2020年开始大量向海外布局专利，2017年为867件，2018年达到2245件，2019年和2020年的数据存在一定滞后性，但从现有申请量来看，该公司的海外专利布局数量前景可观。同时，平安科技（深圳）有限公司主要申请的技术领域为G06F、G06Q、H04L及G06K。可见，平安科技（深圳）有限公司在以上领域为海外专利布局的新进入者，其申请数量可观，为上述领域的新型竞争者。

深圳市华星光电半导体显示技术有限公司在2017—2020年开始大量向海

---

[1] 新进入者是指仅在过去5年内才提交专利申请的申请人。

外布局专利，2017年为904件，2018年为454件，2019年为675件。其申请的技术领域主要集中在H01L、G09G、G02F（用于控制光的强度、颜色、相位、偏振或方向的器件或装置）。可见，深圳市华星光电半导体显示技术有限公司在以上技术领域为海外专利布局的新进入者，其有较强的海外专利布局意识，为技术活跃者，可在上述技术领域作为潜在的收购或合作目标。

深圳壹账通智能科技有限公司注册于2017年9月，金融壹账通是中国领先的金融全产业链科技服务云平台，为中国平安集团的联营公司。注册当年即进行了11件海外专利的申请，2018年为190件，2019年为256件，2020年为168件。可见，其海外专利保护意识和研发能力非常强。其主要申请的技术领域为G06F、G06Q和H04L。深圳壹账通智能科技有限公司为上述技术领域的新型竞争者，可以被视为上述技术领域的潜在收购或合作目标。

瑞声声学科技（深圳）有限公司在2019年申请了504件海外专利，申请数量大，其主要技术领域为H04R、H01Q和H02K。深圳传音通讯有限公司于2017年申请了440件专利，主要涉及领域为G06F、H04M和H04N。可见，瑞声声学科技（深圳）有限公司和深圳传音通讯有限公司均为技术活跃者，可以在上述技术领域作为潜在的收购或合作目标。

同样，深圳市欢太科技有限公司、深圳市盛路物联通讯技术有限公司和惠州市华星光电技术有限公司作为近五年进行海外专利申请的企业，其申请数量均在200～400件，其研发活跃度和实力不容小觑，可作为相应技术领域的潜在收购或合作目标。

三、2020年广东省海外专利重点产业布局分析

2020年广东省海外专利布局报告将立足当前的时代背景，围绕广东省在"卡脖子"技术攻关和"疫情攻坚"技术领域的海外布局情况，从整体以及以下三个重点行业进行介绍。

（一）半导体和集成电路产业

1. 行业简介

集成电路产业链庞大而复杂，主要分为集成电路设计、集成电路制造以

及集成电路封装测试三个主要环节。半导体行业产业链主要分为芯片设计、芯片制造、芯片封装与测试、半导体产品和下游应用等。半导体和集成电路产业作为信息产业的基础和核心组成部分，是关系国民经济和社会发展全局的基础性、先导性和战略性产业。近些年来，大数据、云计算和人工智能等信息产业的快速发展和一系列国家扶持政策的落地为半导体和集成电路产业提供了强劲的市场需求和强力的支撑。

从宏观政策角度分析，政府先后出台了一系列规范和支持半导体和集成电路产业的产业政策，如广东省发布《广东省国民经济和社会发展第十四个五年规划和2035年远景目标纲要》，其中提出，要加快培育半导体与集成电路产业，布局建设高端特色模拟工艺生产线和SOI（硅晶绝缘体技术）工艺研发线，积极发展第三代半导体、高端SOC（系统级）等芯片产品。《广东省加快半导体及集成电路产业发展的若干意见》中明确要积极发展一批半导体及集成电路产业重大项目，提升产业核心竞争力。《广东省培育半导体及集成电路战略性新兴产业集群行动计划》继续明确要加快培育半导体及集成电路战略性新兴产业集群，促进产业迈向全球价值链高端。

从发展进程上看，半导体设备行业具备极高的门槛和壁垒，全球半导体设备主要被美国和日本所垄断，国内针对半导体装备的税收优惠、地方政策支持逐步形成合力，为本土半导体设备厂商研发创新、产能扩张、人才引进等创造了良好环境。我国集成电路产业运行质量在不断提高，集成电路设计的产品档次从低档逐渐走向高端，但随着下游终端产品如智能手机要求的性能越来越高，提升芯片制造能力成为实现产业升级的应对措施。

广东拥有国内最大的半导体及集成电路应用市场，已形成广州和深圳两大国家级集成电路设计产业化基地，但广东发展半导体及集成电路也存在诸多短板，如创新能力弱、对外依存度很高等。在当前国际技术封锁和国内区域竞争加剧的背景下，广东省迫切需要补齐产业短板，突破关键核心技术或解决"卡脖子"问题的重大研发项目，提升产业创新能力。

2. 专利概况

（1）专利申请趋势。

对广东省半导体和集成电路产业海外专利年度申请趋势进行统计，近十年的现有申请总量为60968件。选取2012—2020年的专利数据作图，得到如图3-11所示的结果。其中专利授权率表明申请的有效率以及最终获得授权的提交申请成功率。空白柱代表申请总量，灰色柱表示申请专利的被授权量。

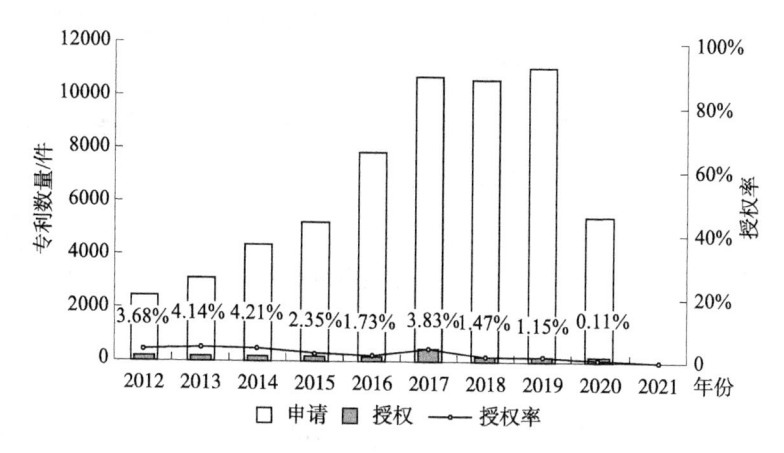

图3-11 广东省半导体和集成电路产业海外专利申请趋势

结合图3-11可知，2012—2020年，广东省半导体和集成电路产业的海外专利申请趋势主要分为以下三个阶段。

增长期（2012—2015年）：广东省半导体和集成电路产业的海外专利申请量呈现稳步增长的趋势。专利申请量从2012年的2447件开始逐年增加，到2015年已有5230件，且2013年的专利申请量年增长率达到了38%。《国务院关于印发进一步鼓励软件产业和集成电路产业发展若干政策的通知》《国家集成电路产业发展推进纲要》等政策激发了企业的研发活力与创造力，研发出相关技术的企业开始积极实施海外专利布局。

爆发期（2016—2017年）：在这一时期，广东省海外专利申请数量呈现迅速增长的态势。短短三年内，专利年申请量从5230件增长到2017年的10759件，且2015年的专利申请量年增长率达到了50%。《"十三五"国家信息规划》等政策中都明确提出要推进集成电路创新突破和加大面向新型计算、

5G、智能制造和物联网的芯片设计部署。在产业政策和产业资金的支持下，广东省的申请人积极抢抓半导体和集成电路新一轮发展机遇，促进广东省半导体和集成电路产业实现跨越式发展。但相对于逐年增长的专利申请量，每年的专利授权率较低且增长数量较少，这表明中国企业正努力走向世界舞台，但专利授权率仍有待提高。

持续增长期（2018—2020年）：广东省半导体和集成电路产业的海外专利年申请量增长缓慢，但这一时期由于海外专利数据收录或公开并不完整，故不能得知准确的海外专利申请数量。中国在芯片领域的发展速度引发美国对中国的出口限制，同时受到疫情的影响，海外专利申请量受到影响。但广东省政府出台了如《广东省加快半导体及集成电路产业发展的若干意见》等政策促进该产业的发展，因此相关企业同时面临机遇和挑战。从目前态势来看，中国半导体和集成电路行业需要自强自立，在核心技术上绝不可依赖外部，才能实现快速发展。

(2) 法律状态。

对近十年来广东省半导体和集成电路领域海外专利申请的法律状态进行统计与分析，得到如图3-12所示的结果。其中，未确认状态为无数据的情况。

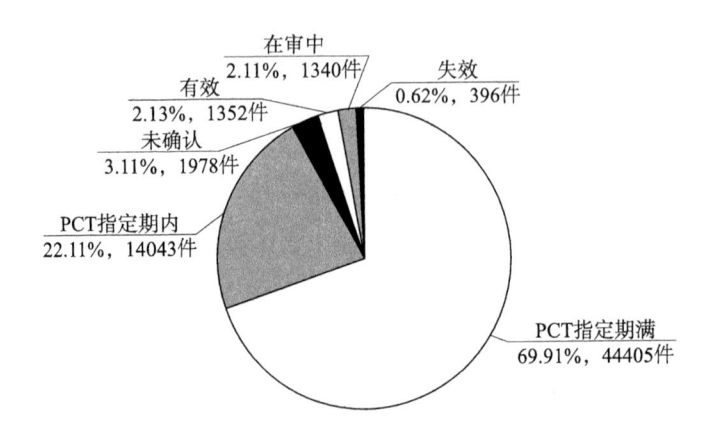

图3-12　广东省半导体和集成电路产业海外专利法律状态占比

- 在审中 2.11%，1340件
- 失效 0.62%，396件
- 有效 2.13%，1352件
- 未确认 3.11%，1978件
- PCT指定期内 22.11%，14043件
- PCT指定期满 69.91%，44405件

从图3-12给出的半导体和集成电路领域专利申请的法律状态可以看出，

有 44405 件专利申请处于 PCT 指定期满状态，占比 69.91%；有 14043 件专利申请处于 PCT 指定期内状态，占比 22.11%；有效专利共有 1352 件，占比 2.13%；处于在审状态的专利有 1340 件，占比 2.11%；而处于失效状态的专利有 396 件，占比 0.62%。

近年来，我国企业自主创新能力不断提高，得到了国家政策的全面支持，不仅在国内大力加强知识产权布局，在参与国际竞争的过程中，也开始积极利用 PCT 等途径在国外寻求专利保护，以提高企业的知识产权竞争力。PCT 专利申请进入国家阶段的明显优势在于简化了提出申请的程序和期限较长，申请人可以利用此优势，延缓进入国家阶段的时间，争取更多的时间进行市场调研、资金筹备和完善申请文件等工作。

处于在审状态的专利数量不多，这说明该技术领域发展后劲不足，广东省企业近期创新活力不高。在现有有效专利到期后，该技术领域的有效专利会下降很多，体现出该技术领域发展将要进入瓶颈，在未来如果没有重大的技术突破，发展将后继乏力。

（3）技术生命周期。

通过对广东省半导体和集成电路领域海外专利的申请量和申请人数量同时进行考量，绘制专利技术生命周期图，如图 3-13 所示。

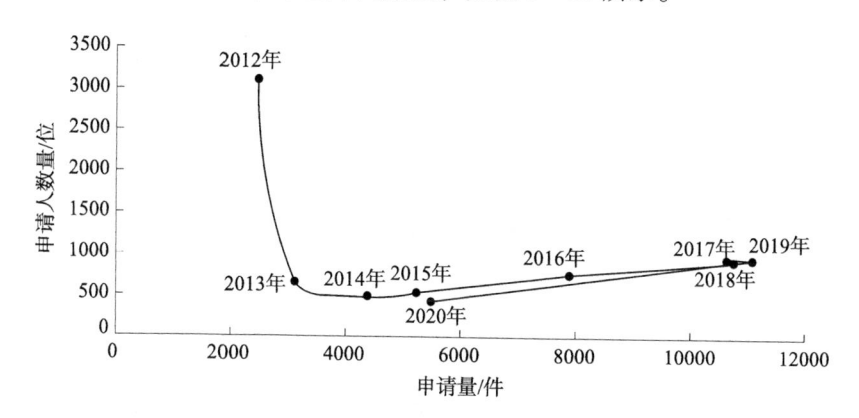

图 3-13 广东省半导体和集成电路产业海外专利技术生命周期

2012—2014 年，广东省专利申请量呈增长趋势，申请人数量有明显的下降，是因为虽然该产业的发展前景较好，但半导体和集成电路产业的集中性、垄断性突出，导致市场竞争者减少。2014—2019 年（由于专利审查期限原因，不对 2019—2020 年的数据进行分析），由于华为和中兴等企业的技术优势已经形成，专利申请人数量增长幅度不大，但专利申请数量呈上升趋势，2019 年专利申请数量已经达到 11075 件，这也意味着我国半导体和集成电路领域的技术仍处于成长期。此阶段专利数量的增长与我国政府对半导体和集成电路产业的大力支持紧密相关。在广东省政府相关政策激励下，广东省企业未来在申请数量和申请人数量上还将继续保持增长趋势。

3. 地域分布

（1）目标市场排名。

对近十年广东省在十个目标市场的半导体与集成电路技术领域专利申请数量进行统计与分析，得到表 3 – 10。

表 3 – 10　广东省半导体和集成电路产业海外专利目标市场

国家和地区	专利申请量/件	占比/%
世界知识产权组织	68900	92.67
日本	1196	1.88
越南	722	1.14
美国	697	1.11
马来西亚	492	0.77
澳大利亚	242	0.38
菲律宾	196	0.31
新加坡	187	0.29
加拿大	180	0.28
南非	172	0.27
其他	570	0.90

由表 3 – 10 可知，广东省半导体和集成电路领域海外专利申请的国家主要是日本、越南、美国、马来西亚和澳大利亚，这在一定程度上反映了广东

省的企业在进行海外专利布局时可以较为关注以上五个国家的市场。

日本早在20世纪60年代便开始发展半导体产业,经历了由小到大,由弱到强的发展历程。伴随着技术创新和升级,日本在20世纪80年代进入了集成电路发展高峰,一度超越美国,成为全球半导体第一生产大国。2013年,越南半导体技术产业受到了越南政府的重视,并在当时被列入国家九个重点产品目录,政府也注重将半导体技术行业与国家发展战略结合起来。美国的半导体行业在全球处于领导地位,技术变革的快速步伐需要不断提高工艺技术和设备能力,美国半导体行业研发支出的比例在高科技行业中是最高的。综上分析可知,广东省的企业进行海外专利布局时可以主要关注日本、美国和越南等国家。值得关注的是,在就业、科研和进出口方面,半导体产业为新加坡带来了足够的可持续发展动力,但全球经济格局的变化又给新加坡的电子产业带来了不确定性。近些年来,新加坡引入德国"工业4.0"战略,又为新加坡带来了很大的发展机遇。因此,广东省的企业在新加坡等国家虽布局较少,但随着市场的重组,这些国家可能成为潜在的布局地。

(2)目标市场趋势分析。

如图3-14所示,2012—2017年,广东省的企业在日本、越南、美国和马来西亚等国家的专利申请总量呈现增长趋势。随着全球经济市场的变化和重组,广东省的企业在新加坡、加拿大和南非等国家的专利申请总量开始逐年递增,而在日本和美国的申请量则相对减少。可以得知,广东省半导体和集成电路产业的海外布局情况随时间变化产生了变化。日本、越南和美国是当前广东省半导体和集成电路技术的主要海外目标市场,这与申请人对这三个国家的技术创新程度和技术市场关注度较高密不可分。伴随着发展中国家对外开放的态度,广东省的企业在加拿大、菲律宾等国家的专利布局还在摸索阶段,未来广东在加拿大、菲律宾等国家的海外专利申请量会处在一个持续上升的态势。此外,世界知识产权组织占了专利目标市场较大比例,这说明该技术领域申请人比较重视国际保护。

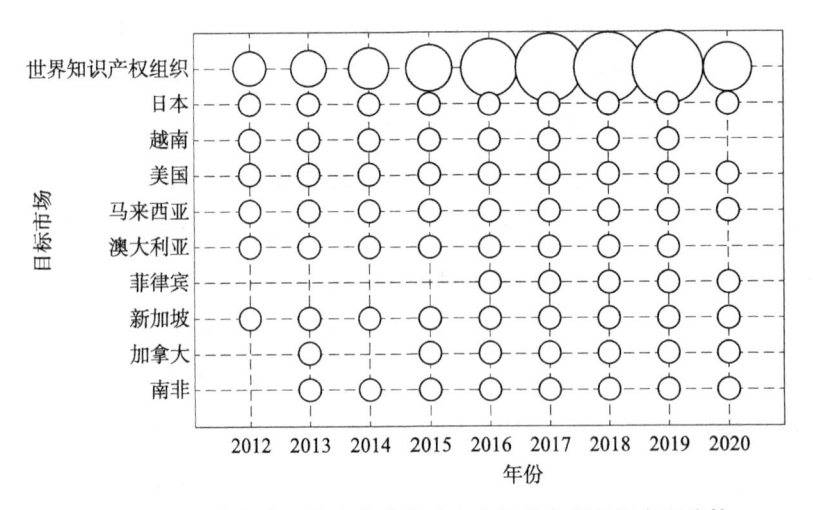

图 3-14　广东省半导体和集成电路产业海外专利目标市场趋势

注：图中圆圈大小表示申请量多少。

4. 技术主题分析

（1）技术构成分析。

由图 3-15 可知，半导体和集成电路技术领域主要分布在 H04L12、H04W72、H04L29 和 G06F3，这四类技术主要涉及数据交换网络、本地资源管理和数据输入输出装置。广东省半导体和集成电路领域技术的重要研发分支便分布在上述领域，这些技术代表了该行业的重要基础技术和重要的研发

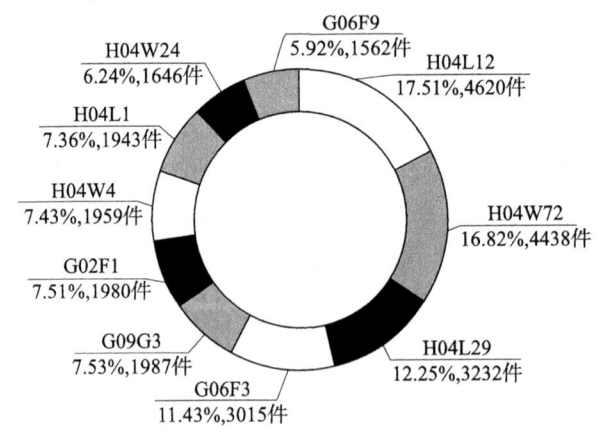

图 3-15　广东省半导体和集成电路产业海外专利技术构成

动向。相比之下，G09G3等分类号在技术构成中占比较均衡，这些分类号主要涉及的技术包括控制来自独立光源的光的强度、颜色、相位、偏振或方向的器件或装置、监督，监控或测试装置和程序控制设计等。深入了解IPC大组下的IPC小组可以发现，广东省企业近些年来在对技术进行创新的同时也在对元器件的制造进行研发，从侧面反映了该行业的发展潜力较大。

（2）技术分支申请趋势。

如图3-16所示，2012—2020年，广东省的申请人在各分类号的专利申请数量呈现逐年增长的态势，且在2017年、2018年和2019年进入专利申请爆发期。2017年之前，广东省企业在半导体和集成电路技术领域主要申请的分类号是H04L12，这一阶段申请的专利主要是电子数据交换网络，是一种以电子计算机和标准化数据通信网络技术为基础的现代自动信息处理和信息通信技术，其间申请H04W72的专利数量不断增加。2017年以后，H04W72成为主要申请IPC分类号，申请的专利主要是无线资源的分配和无线业务的调度，体现了半导体和集成电路技术领域的技术进步与技术创新的完善。技术分支申请呈增长趋势说明该产业还存在较大的研发空间，市场竞争者可尝试加大在半导体和集成电路领域的研发投入。

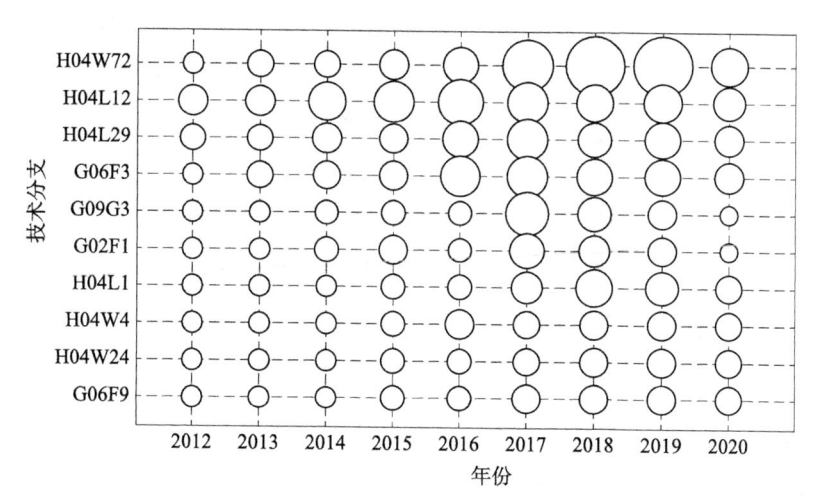

图3-16 广东省半导体和集成电路产业海外专利技术分支申请趋势

注：图中圆圈大小表示申请量多少。

(3) 重要技术分支地域分布。

图 3-17 反映了广东省在半导体和集成电路领域专利申请重要技术分支的地域分布。可以看出，各个技术分支都有通过世界知识产权组织进行提交的专利，说明半导体和集成电路技术领域的申请人比较注重国际知识产权保护。从整体上分析，虽然不同的技术分支在主要国家的布局情况不同，但在美国和日本的专利申请数量相对较多，在澳大利亚和新加坡等国家的布局较少。美国和日本等国家进入半导体和集成电路行业较早，技术实力强劲，资源、资金和需求优势较大，吸引了广东省的企业进行重点技术布局。H04W72 技术分支在日本和越南的专利申请分布较多，说明日本和越南的本地资源管理领域的技术发展较好，该技术在日本和越南可以被商业化。G09G3 和 G02F1 这两个技术分支在日本和美国的专利申请分布较多，而在其他国家几乎没有分布，反映出大多数国家对这两项技术的创新程度还有待提高。

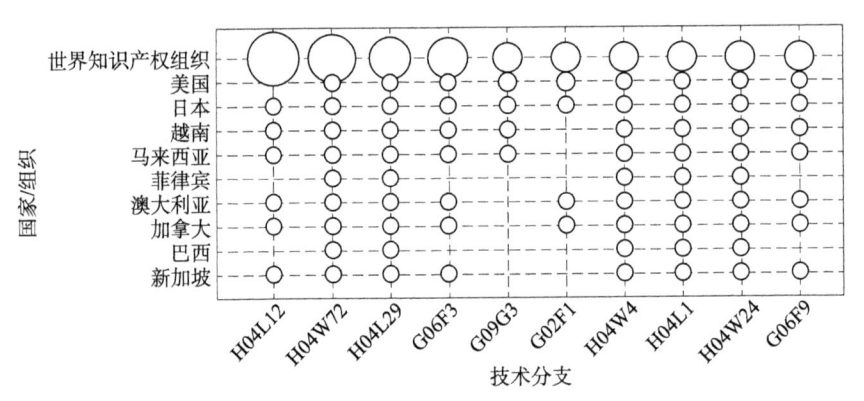

图 3-17　广东省半导体和集成电路产业海外专利重要技术分支地域分布

注：图中圆圈大小表示申请量多少。

(4) 重要技术分支主要申请人分布。

由图 3-18 可知，华为技术有限公司和中兴通讯股份有限公司在 H04L12、H04W72、H04L29、H04W4、H04L1、H04W24 和 G06F9 技术分支具有绝对优势，在半导体和集成电路领域，这两家公司是技术的领导者。从图 3-18 中也可以看出，华为技术有限公司和中兴通讯股份有限公司在其他技术分支如 G09G3 和 G02F1 的研发较为薄弱，技术创新水平不高；TCL 华星光电技术有限公司和深圳市华星光电半导体显示技术有限公司在这两个技术分支研发水平较高，处于领先地位。广东省的企业可以寻找相应技术分支领域研发水平高的公司进行合作，避免重复研发，这样可以使投资效益最大化，有利于促进公司的整体长远发展。主要申请人在 H04L1 和 G06F9 这两个技术分支上的研发较少，这两项技术可能更多的是由中小型企业进行研发，主要申请人可以考虑在这两项技术分支上加大投入，抢占该分支市场。

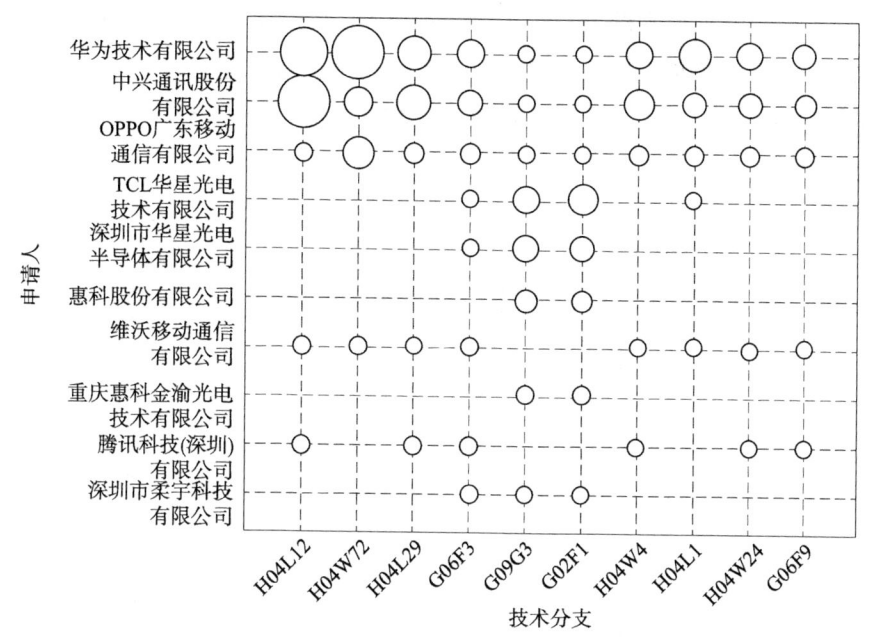

图 3-18　广东省半导体和集成电路产业
海外专利重要技术分支主要申请人分布

注：图中圆圈大小表示申请量多少。

5. 申请人分析

（1）新进入者分析。

在国家政策的引导和国家资金的扶持下，广东省越来越多的公司看到了半导体和集成电路产业的发展潜力，纷纷加入该领域的竞争中。本部分是选取了 2017—2020 年新进入者中提交专利申请数量前十的公司进行分析。如图 3-19 所示，深圳市华星光电半导体显示技术有限公司于 2016 年成立，主要从事薄膜晶体管液晶显示器件（或 OLED 显示器件）相关产品及其配套产品的技术研发。惠科股份有限公司成立于 2001 年，是从事消费类电子产品研发、生产、销售于一体的综合性 IT 企业之一，旗下主导产品有 LCD 显示器、液晶电视、手机等。这些新加入者表明在半导体和集成电路领域的一些细分行业和新兴行业形成了新竞争，相关技术值得关注。新兴企业的发展对该领域的龙头企业来说意味着挑战与风险并存，一方面龙头企业要注意风险防范，加强关键技术的研发，另一方面这些新兴公司可以被视为潜在的收购或合作目标。2020 年，新兴企业的专利申请量减少，也表明该行业呈现集中化的趋势，新兴企业只有为市场提供更好的、更符合市场要求的产品才能有进一步的发展。

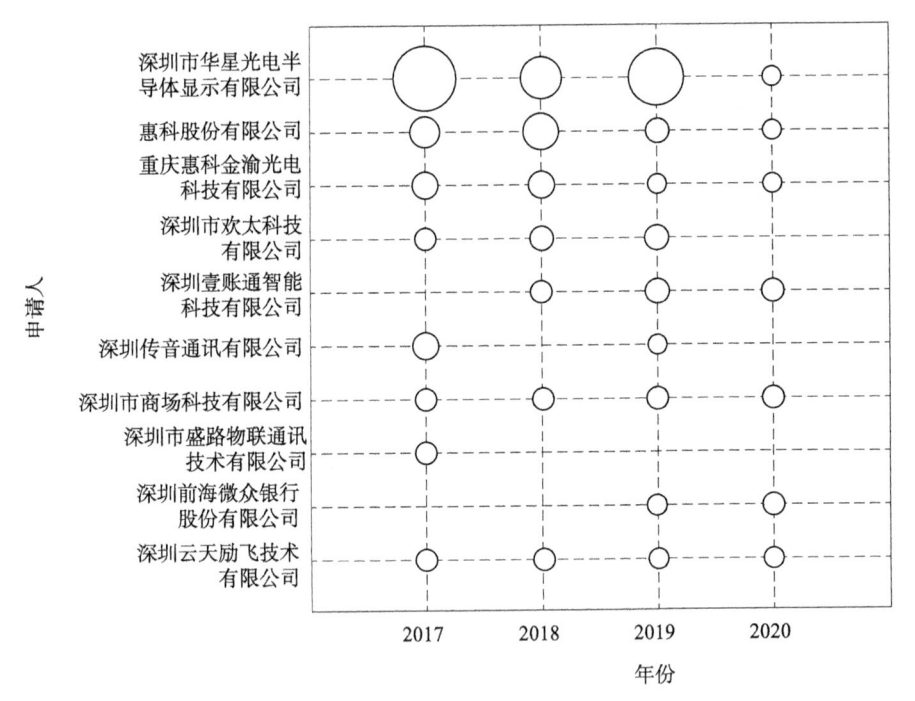

图 3-19 广东省半导体和集成电路产业海外专利新进入者

注：图中圆圈大小表示申请量多少。

（2）主要申请人技术分布。

由图 3-20 可知，排名前三的申请人主要集中在 H04W72、H04L12、

H04L29、G06F3、H04L1、H04W4、H04W24 和 H04W36 技术分支上，主要申请人在上述技术分支上竞争较为激烈，但在 G02F1 和 G09G3 技术分支上研发薄弱。TCL 华星光电技术有限公司、惠科股份有限公司和深圳市华星光电半导体显示技术有限公司在 G09G3 和 G02F1 这两个技术分支上占有优势。深圳市大疆创新科技有限公司、维沃移动通信有限公司和深圳市汇顶科技股份有限公司的技术分布较少。

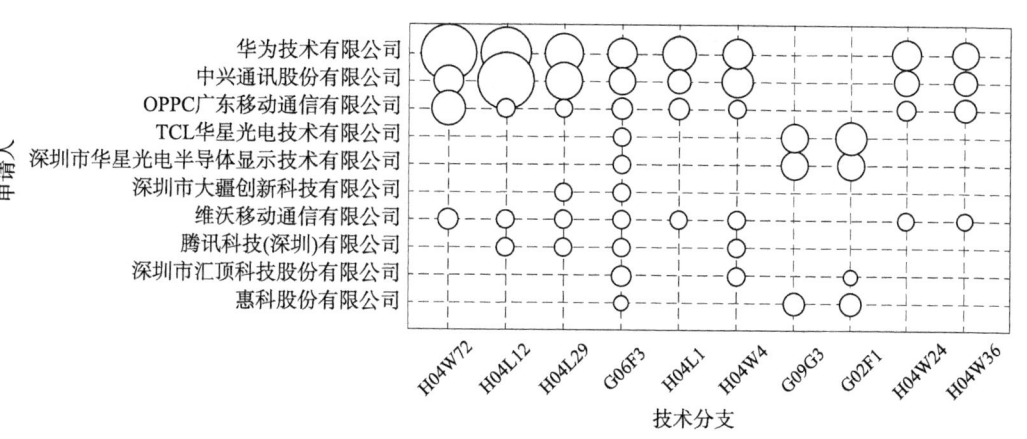

图 3-20　广东省半导体和集成电路产业海外专利主要申请人技术分布

注：图中圆圈大小表示申请量多少。

（3）主要申请人申请趋势。

由图 3-21 可知，2012—2020 年，专利申请量排名前十的申请人的专利年申请量呈增长趋势，华为技术有限公司和中兴通讯股份有限公司申请增长幅度较大。深圳市华星光电半导体显示技术有限公司和惠科股份有限公司在 2017 年才开始出现专利申请。OPPO 广东移动通信有限公司和深圳市大疆创新科技有限公司在近几年的专利申请较多。主要申请人在 2017 年之后迎来了半导体和集成电路产业专利申请的高潮，主要原因在于《广东省战略性新兴产业发展"十三五"规划》中提出要加快推进集成电路设计产业做大做强，逐步补齐集成电路产业制造、封装环节短板，在一定程度上刺激了半导体和集成电路领域技术的研发。

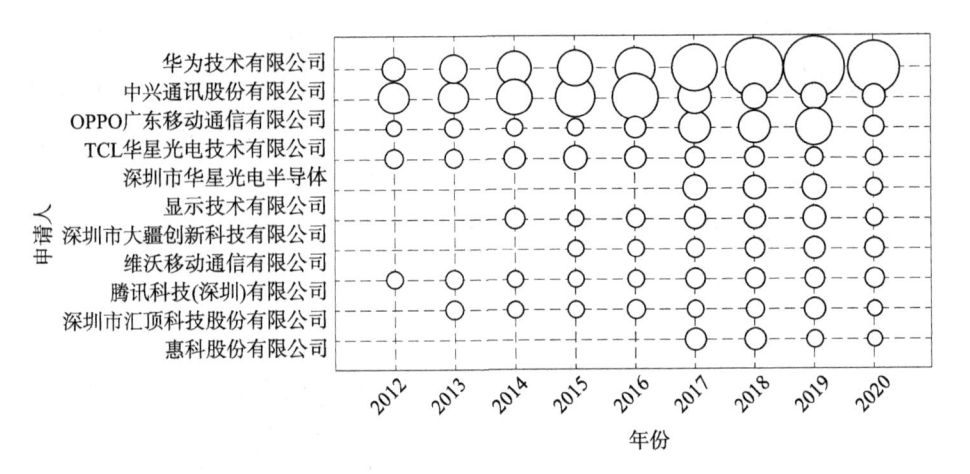

图 3-21 广东省半导体和集成电路产业海外专利主要申请人申请趋势

注：图中圆圈大小表示申请量。

(4) 主要申请人地域分布。

如图 3-22 所示，在半导体和集成电路行业，对广东省专利申请量排名前十的企业的海外申请地域进行统计，可以发现世界知识产权组织受理了大多数企业的海外申请。广东省的企业更偏向在日本、越南、马来西亚、澳大利亚和南非进行布局，这些地域的技术创新情况和经济优势吸引了相关企业进行布局。日本的集成电路产业发展较早，日本企业在晶圆清洗设备、切割机、研磨机、晶圆检测设备、单晶炉、CVD 设备、涂布显影设备、光刻机、刻蚀设备、IC 测试设备等产品中也具有国际竞争优势，自然成为广东省的企业进行海外布局的重点。排名前三的申请人在多个国家都申请了较多的专利，这说明华为技术有限公司、中兴通讯股份有限公司和 OPPO 广东移动通信有限公司海外布局意识较强且专利质量较高。华为技术有限公司作为半导体和集成电路产业的领导者在日本和越南布局较多，说明其比较注重日本和越南的市场。其他主要申请人在海外布局较少，说明这些公司的技术还不够完善，更偏重开拓中国市场。广东省的企业都向世界知识产权组织申请了一定数量的专利，这说明我国企业越来越重视国际知识产权保护。

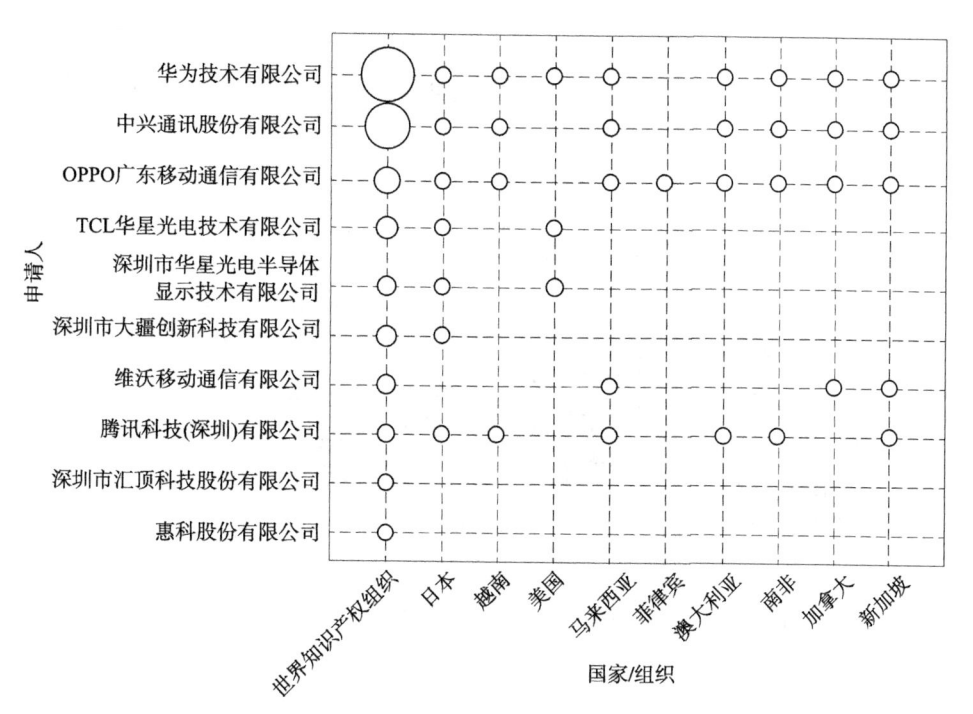

图 3-22 广东省半导体和集成电路产业海外专利主要申请人地域分布

注：图中圆圈大小表示申请量多少。

(5) 领域地图。

图 3-23 显示了在半导体和集成电路技术领域内主要申请人的专利关键词，有助于了解该技术领域内主要申请人相关的技术概念，借此区分不同公司的技术焦点。由此可以看出，华为技术有限公司在主要领域都有涉及，且在终端设备、电子设备、网络设备、人工智能、配置信息、通信方法、指示信息、数据传输、通信技术和通信装置等领域占据重要地位，业务市场十分广泛。值得注意的是，华为技术有限公司在显示面板技术领域缺少研究，而深圳市华星光电半导体显示技术有限公司的焦点则落在显示面板的研发上。深圳市华星光电半导体显示技术有限公司主要从事薄膜晶体管液晶显示器件（或 OLED 显示器件）相关产品及其配套产品的技术研发，近些年发展迅速，作为面板制造端与华为技术有限公司等公司达成了合作关系。在半导体和集成电路领域内，不同的企业有不同的研发重点，且研究水平也不相同。从领

域地图可以看出，终端设备、电子设备和网络设备领域的技术是目前的研发热点也是未来的发展趋势，因此各个企业可以根据自己的专利关键词，明确技术焦点，制定符合本企业发展的研发策略。

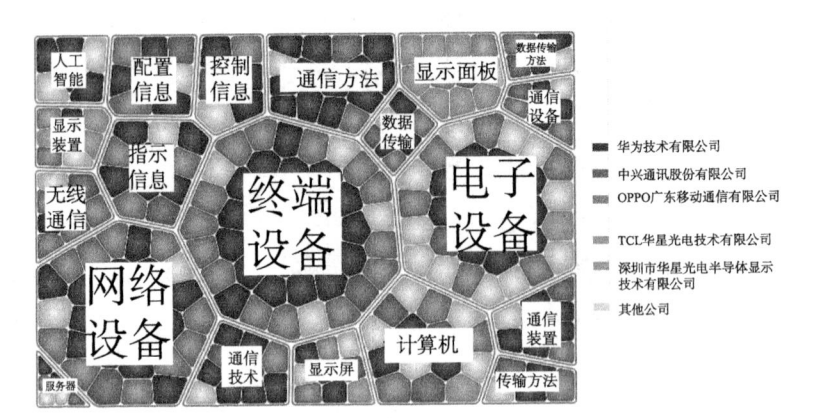

图 3-23　广东省半导体和集成电路产业海外专利领域地图

（二）人工智能产业

1. 行业简介

人工智能是研究开发能够模拟、延伸和扩展人类智能的理论、方法、技术及应用系统的一门新的技术科学，随着国家政策的支持和 5G 等相关基础技术的发展，人工智能产业在各方的共同推动下进入爆发式增长阶段，市场发展潜力巨大。2019 年 3 月，《2019 年政府工作报告》将人工智能升级为智能+；2019 年 6 月，人工智能治理原则首次被提出，《新一代人工智能治理原则——发展负责任的人工智能》政策发布。新冠肺炎疫情的爆发进一步催化了人工智能在多场景发挥重要意义。2020 年 2 月，工业和信息化部发布了《充分发挥人工智能赋能效用　协力抗击新型冠状病毒感染的肺炎疫情倡议书》，提出在疫情管控、诊疗、办公、教育、疫苗研发等多方面充分利用人工智能技术，将出现更多的产业级和消费级应用产品。2019 年，中国人工智能核心产业规模已超过 510 亿元，预计在 2025 年达到 4000 亿元，未来有望发展为全球最大的人工智能市场。

2019 年以来，广东省在人工智能产业领域的布局进一步提速，尤其是制造业、互联网、医疗等多个领域,与人工智能的应用和融合呈现蓬勃发展态势。根据广东省人民政府的官方数据,2017年,广东省人工智能核心产业规模约260亿元,约占全国的1/3,带动机器人及智能装备等相关产业规模超2000亿元。为了促进人工智能产业稳步发展,广东省近年出台了一系列产业政策。2018年7月,广东省人民政府出台《广东省新一代人工智能发展规划(2018—2030年)》,该规划为广东省人工智能产业制定了三步走的发展目标:第一步,到2020年,人工智能核心产业规模突破500亿元,带动相关产业规模达到3000亿元;第二步,到2025年,产业核心规模突破1500亿元,带动相关产业规模达到1.8万亿元;第三,到2030年,人工智能产业发展进入全球价值链高端环节,成为全球人工智能产业科技创新前沿领地,智能经济与智能社会取得跨越性发展。

目前,人工智能市场规模逐年攀升。随着人工智能技术的逐渐成熟,科技、制造业等业界巨头不断深入布局。人工智能是新一轮产业变革的核心驱动力,将进一步释放历次科技革命和产业变革积蓄的巨大能量,并创造新的强大引擎。要围绕建设现代化经济体系,培育壮大新一代人工智能产业,全方位、立体式推动经济社会"赋智赋能",提升人工智能对创新驱动发展、经济转型升级和社会精细化治理的引领带动效能。

2. 专利概况

(1)专利申请趋势。

在已经获得广东省企业全部海外申请专利的情况下,挑选利用国民经济行业分类挑选出的专利数据,分析这些专利的申请年份可以得出图3-24所示的结果。

由图3-24可知,广东省人工智能产业在海外专利申请趋势总体上升,2020年申请数据出现下降可能是因为相关申请数据的公开有一定的时间延迟。具体来看,广东省海外专利申请数量从2012年的316件开始逐步增长,2016年已达587件。2016年4月,广东省人民政府办公厅印发了《广东省促进大数据发展行动计划(2016—2020年)》,提出用五年时间,打造全国数据应用先导区和大数据创业创新集聚区,抢占数据产业发展高地,建成具有国际竞

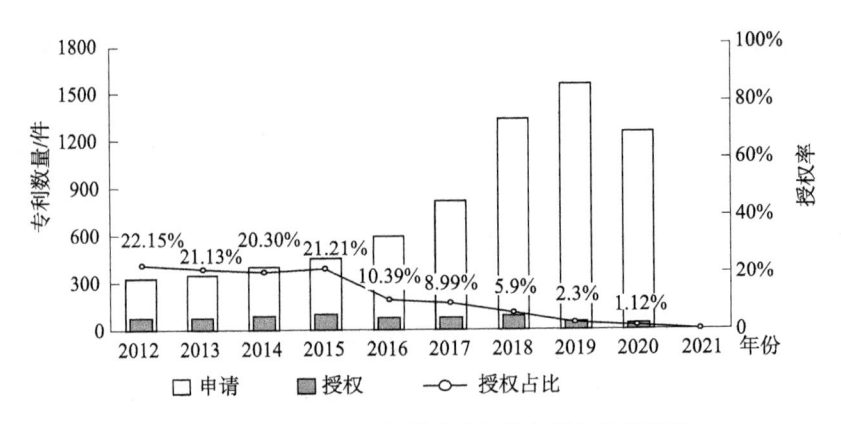

图 3-24 广东省人工智能产业海外专利年申请趋势

争力的国家大数据综合试验区,说明广东省政府对人工智能产业的重视,也确实取得了一定成效。2017年的专利申请量已达812件,较2016年增长了225件,与前些年的增幅相比有所增加。2018年申请数量增长幅度最大,相比2017年增长了527件。2018年7月,广东省人民政府印发了《广东省新一代人工智能发展规划(2018—2030年)》,该规划从科研前瞻布局、创新平台体系、产业集约集聚发展、多元创新生态层面明确了广东省人工智能的四大规划要点。2018年10月,广东省科技厅印发了《广东省新一代人工智能创新发展行动计划(2018—2020年)》,提到构筑广东人工智能创新发展新优势,推动新一代人工智能技术加速突破应用,加快建设国家科技产业创新中心。在广东省政府的大力支持下,广东省申请人更积极实施海外专利布局战略,推动广东省的人工智能产业走向世界。

近些年,人工智能逐渐融入我们的社会生活,人们的知识产权保护意识也进一步增强,广东省的海外专利布局数量逐年增长的同时,也更加重视专利的质量,专利授权数量占比逐年减少,说明在推动行业发展的前提下,也同时需要注意专利是否能取得授权的问题。

(2)法律状态。

由图3-25可见,广东省人工智能产业海外专利的法律状态,PCT指定期满状态的专利数量最多,高达2602件,占比35.40%,其次是PCT指定期内专利数量,占比达28.91%。有效专利占16.49%,在审中专利占11.51%,

在审中状态的专利占比越大，反映该行业近期创新活力越高。广东省海外专利大部分处于未向 EPO 提交正式国家阶段的申请，甚至更多的是优先权期限已经届满，仍未正式申请。PCT 申请简化了提出申请的手续，更加简单迅捷，为申请人向外国申请专利提供了更方便的途径，只须提交一份 PCT 专利申请，就可以在申请日起 30 个月内进入多个国家，而不必向每一个国家分别提交专利申请。该技术领域大部分专利处于 PCT 指定期满的状态，会导致专利丧失优先权，如果不及时补救，就会无法获得专利。通过分析得出，广东省在人工智能产业申请海外专利积极性比较高，可能是因为政府的大力支持，激发了企业的积极性，但需要注意优先权的问题。

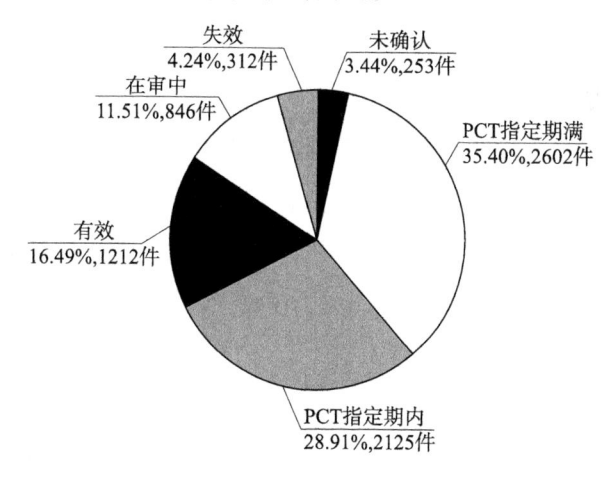

图 3-25 广东省人工智能产业海外专利法律状态

（3）技术生命周期。

利用专利申请量与专利申请人数量随时间推移的变化来帮助分析当前技术领域生命周期所处阶段。由图 3-26 可知，2012—2016 年，一直都是处于一个平缓的增长趋势，增长幅度不明显，处于技术萌芽期。从 2017 年开始，我国人工智能技术进入成长期，2020 年的数据有所下降，是因为目前相关申请数据的公开有一定的时间延迟。直至 2019 年，广东省人工智能产业海外专利的申请量和申请人数量都呈上升趋势，2017—2018 年增长幅度最大。这意味着广东省的人工智能技术仍处于成长期，未来在申请量和申请人数量上还会继续保持增长趋势。

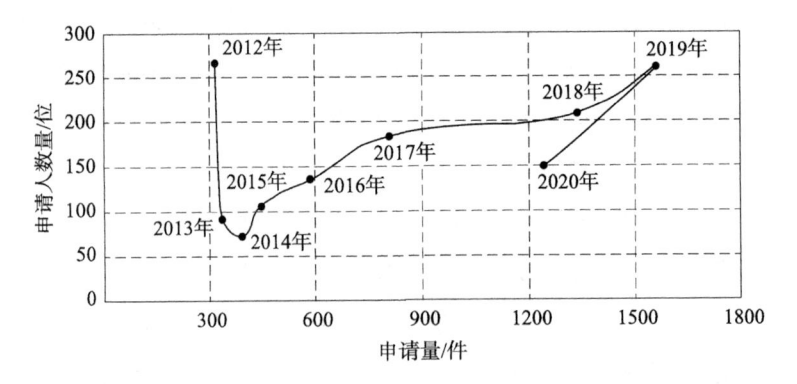

图 3-26　广东省人工智能产业海外专利技术生命周期

3. 地域分布

（1）目标市场分布。

表 3-11 反映了专利申请的主要国家和地区分布，专利申请量的多少在一定程度上反映了该目标市场的受关注程度。由表 3-11 可知，通过世界知识产权组织和欧洲专利局进行提交的专利数量分别居第一位和第三位，分别占据人工智能市场的 73.57% 和 7.23%，说明人工智能产业的申请人比较注重其专利技术的国际保护。

表 3-11　广东省人工智能产业海外专利技术目标市场

国家和地区	专利申请量/件	占比/%
世界知识产权组织	4765	73.57
美国	553	8.54
欧洲专利局	468	7.23
印度	197	3.04
日本	134	2.07
加拿大	80	1.24
澳大利亚	77	1.19
新加坡	61	0.94
越南	38	0.59
马来西亚	24	0.37
其他	80	1.24

其次是美国，占比为 8.54%，说明美国也是主要竞争区域。美国在人工智能研发方面居于全球领先地位，其人工智能已在商业领域得到广泛应用，催生了众多新兴产业，并提升了传统行业的智能化水平，从而产生了可观的经济效益。除此之外，印度、日本、加拿大、澳大利亚等国家紧接其后。印度政府对人工智能十分重视，希望利用人工智能促进经济的增长，提高技术创新能力，因此专利申请数量也比较靠前，其市场的重要性也不可忽视。

（2）目标市场趋势分析。

通过世界知识产权组织提交的申请从 2018 年开始骤增，说明专利申请人对专利技术的国际保护越来越重视。由于美国一直以来都比较重视人工智能的发展，并在该领域取得较大成功，所以广东省对美国的市场一直都比较重视。通过欧洲专利局提交申请的专利在 2018 年增加明显，相比 2017 年增加了 43 件，说明广东省人工智能技术的申请人对欧洲的市场产生了兴趣（见图 3-27）。

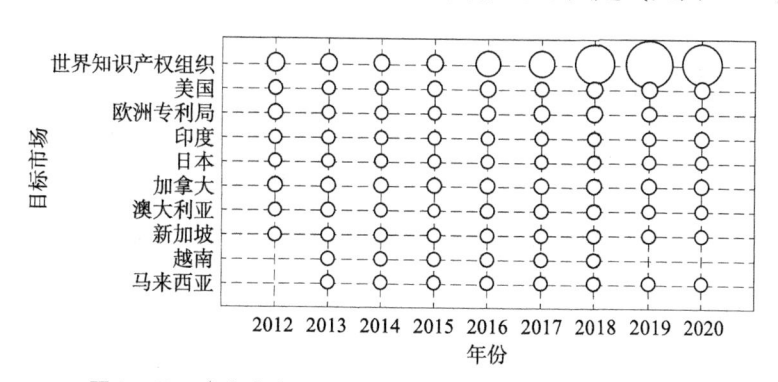

图 3-27 广东省人工智能产业海外专利技术目标市场趋势

注：图中圆圈大小表示申请量多少。

4. 技术主题分析

（1）技术构成分析。

国际专利分类号包含了专利的技术信息，通过对人工智能相关专利进行 IPC 统计分析，可以了解、分析人工智能专利主要涉及的技术领域和技术重点等。

如图 3-28 所示，选取排名前十的大组进行分析，可以得知，人工智能技术大部分还是集中在数据处理、信息采集、系统识别等上。涉及 G06、H04 两大类。其中，G06K9 技术分支专利数量最多，该技术主要是用于阅读或识别印刷或书写字符或者用于识别图形，如指纹的识别和方法。该分支上共有专利申请 626 件，占全部专利的 18.05%。随着智能手机的普及，指纹解锁、人脸识别的应用应运而生，因此该技术的申请也随之增加。其次是 H04W72 和 G06F17，分别以 436 件、392 件申请占据全部专利的 12.57%、11.30%。综上可知，广东省人工智能产业主要在识别、阅读和本地资源管理及数据的处理方面投入研发较多，这些技术领域的申请量增长为本经济行业专利申请数量的增长提供了强大的助力。

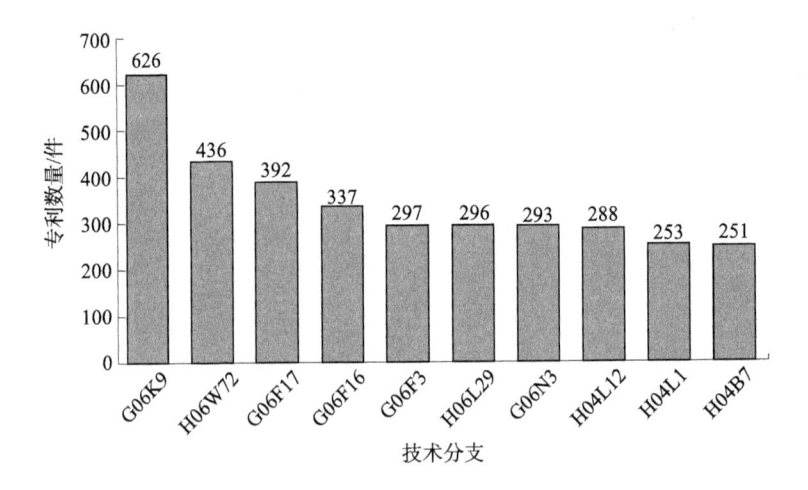

图 3-28 广东省人工智能产业海外专利技术构成分析

（2）技术分支申请趋势。

由图 3-29 可知，自 2018 年后，G06K9、G06F16、G06N3 技术分支相关专利的申请增加较为明显，说明近几年识别系统、数据利用和仿真生物的功能等分支上的研发较为活跃，还存在较大的研发空间，市场竞争者可尝试加大在上述分支上的研发投入。

综合 G06F3 和 G06F17 的专利申请趋势，广东省在数据输入装置和信息处理方面的研发也较为活跃。其他一些分支上的专利申请量增长不明显，说明广东省申请人一直在人工智能领域进行研发和技术创新。

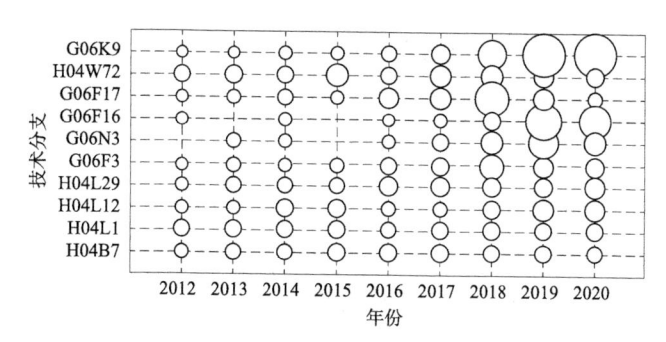

图 3-29　广东省人工智能产业海外专利技术分支申请趋势

注：图中圆圈大小表示申请量多少。

（3）重要技术分支地域分布。

分析各技术在主要国家和地区的分布情况，可以帮助了解这项技术可以在哪些市场被商业化。根据图 3-30 可以发现，各个技术分支在世界知识产权组织、美国、欧洲专利局基本都有申请专利，但在世界知识产权组织的申请量最多，说明专利申请人都很注重海外布局。在 G06K9 领域，世界知识产权组织的申请量最多，在加拿大和马来西亚暂时没有市场。而在 G06F17 领域，所有国家和组织中都有申请。G06N3 领域分布的国家最少，数量也较少，仅在日本、新加坡、欧洲专利局、美国和世界知识产权组织有所分布，可能是基于生物学模型的计算机系统目前发展还不太完善，不是行业技术热点，且与当地人工智能的发展状况不符，导致有些国家没有该技术领域的申请。

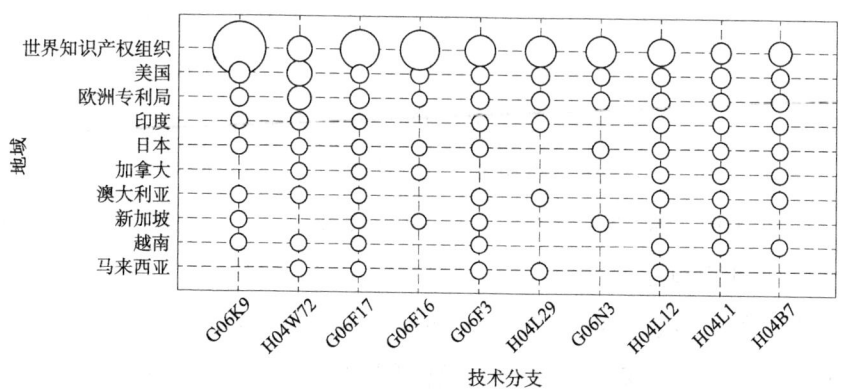

图 3-30　广东省人工智能产业海外专利重点技术分支地域分布

注：图中圆圈大小表示申请量多少。

（4）重要技术分支主要申请人分布。

分析各技术分支主要申请人的分布情况，可以帮助寻找在不同技术领域的潜在合作伙伴。图3-31示出了专利申请排名前十的申请人的专利分布情况。华为技术有限公司在H04W72技术领域申请的专利最多，有321件，其次是H04L1、H04B7、H04L12，可以看出该公司主要申请的是与智能设备有关的专利，所涉及的技术领域与H04电通信技术有关。

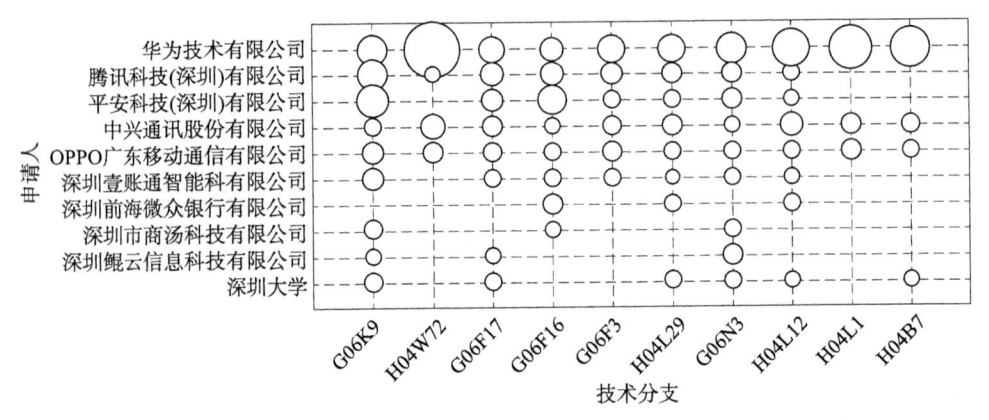

图3-31 广东省人工智能产业海外专利重点技术分支主要申请人分布

注：图中圆圈大小表示申请量多少。

腾讯科技（深圳）有限公司和平安科技（深圳）有限公司在G06K9技术领域涉及的专利最多，分别是109件、133件。其次，平安科技（深圳）有限公司在G06F16技术分支的专利也相对较多，有121件。平安科技是平安集团旗下科技解决方案专家，致力于运用人工智能、云等技术，赋能金融、医疗、房产、汽车、智慧城市五大生态圈，主要服务有计算机软硬件开发、计算机系统集成、计算机数据处理、数据库服务等。而腾讯科技（深圳）有限公司是中国主要的互联网综合服务提供商之一，因此两家公司在G06技术分支内处于领先地位。

除此之外，其他公司在有些领域也略有涉足。华为技术有限公司、中兴通讯股份有限公司、OPPO广东移动通信有限公司涉及技术领域最广。

5. 申请人分析

(1) 新进入者分析。

如表 3-12 所示，该技术领域的新进入者表明了在该领域的新型竞争。与此同时，这些新兴公司可以被视为潜在的收购或合作目标。在过去五年中，平安科技（深圳）有限公司发展速度较快，极具竞争力，2019 年有 271 件专利申请，可能是因为 2019 年平安智慧城市正式发布国内首个支持精准语义理解的医学智库——AskBob，工业和信息化部网络安全产业发展中心和平安科技（深圳）有限公司在北京签署战略合作协议。

表 3-12 2017—2020 年广东省人工智能产业海外专利新进入者分析   单位：件

申请人	2017 年	2018 年	2019 年	2020 年
平安科技（深圳）有限公司	29	123	271	132
深圳壹账通智能科技有限公司	0	16	28	61
深圳前海微众银行股份有限公司	0	0	19	76
广州酷狗计算机科技有限公司	0	31	7	0
深圳鲲云信息科技有限公司	0	27	10	0
腾讯音乐娱乐科技深圳有限公司	0	14	7	10
深圳云天励飞技术有限公司	6	10	13	0
维沃移动通信有限公司	0	0	10	16
广东康云科技有限公司	0	0	22	2
珠海市博杰电子有限公司	0	0	0	20

2017 年，该技术领域的新进入者只有平安科技（深圳）有限公司和深圳云天励飞技术有限公司。随着人工智能的进一步发展以及政策的支持，越来越多的公司出现在该领域，2019 年新进入者最多，但从专利申请数量来看，华为技术有限公司的领先地位很难被撼动。

(2) 主要申请人技术分布。

分析主要申请人的技术分布情况可以帮助了解该技术领域内的主要申请人分别专注于哪些技术分支。排名靠前的公司专利技术分布的范围较广泛，这些申请人各有侧重。由图 3-32 可知，华为技术有限公司主要申请的技术分支为 H04W72、H04L1、H04B7，涉及电通信技术领域。腾讯科技（深圳）有限公司申请主要分布在 G06K9，用于阅读或识别印刷或书写字符或者用于识别图形。鸿海精密工业股份有限公司、鸿富锦精密工业（深圳）有限公司只在 G06K9 技术分支有专利申请。平安科技（深圳）有限公司主要申请的技术分支是 G06K9、G06F16，包括信息检索和识别。

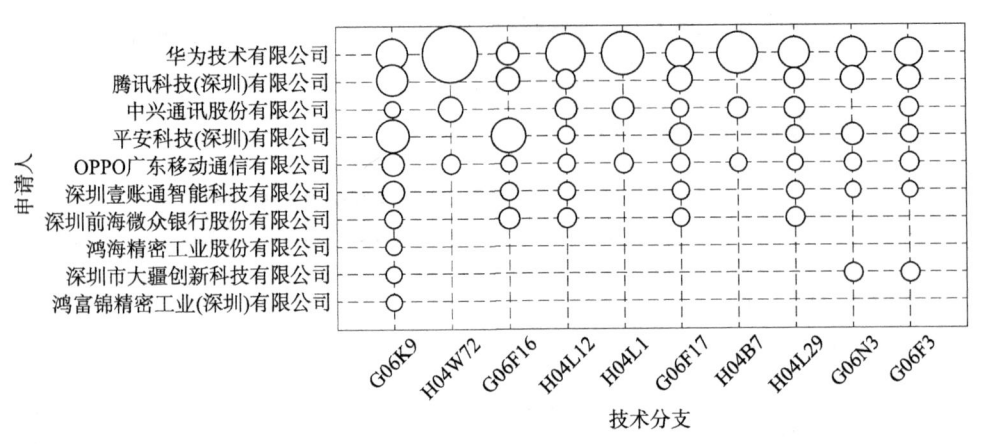

图 3-32　广东省人工智能产业海外专利主要申请人技术分布

注：图中圆圈大小表示申请量多少。

（3）主要申请人申请趋势。

由图 3-33 可知，自 2012 年起，华为技术有限公司、腾讯科技（深圳）有限公司均在人工智能领域的专利申请开始逐渐呈上升趋势，仅在个别年份有所下降。华为技术有限公司在该技术领域处于领先地位，专利申请数量最多，据当前数据来看，2020 年已达 471 件。中兴通讯股份有限公司的申请趋势波动较大，时而增加，时而减少，在 2017 年申请数量最多，达 75 件，之后开始呈下降趋势。平安科技（深圳）有限公司、深圳壹账通智能科技有限公司、深圳前海微众银行股份有限公司，分别自 2017 年、2018 年、2019 年才开始申请专利，而鸿海精密工业股份有限公司、鸿富锦精密工业（深圳）有限公司自 2017 年开始无申请专利。

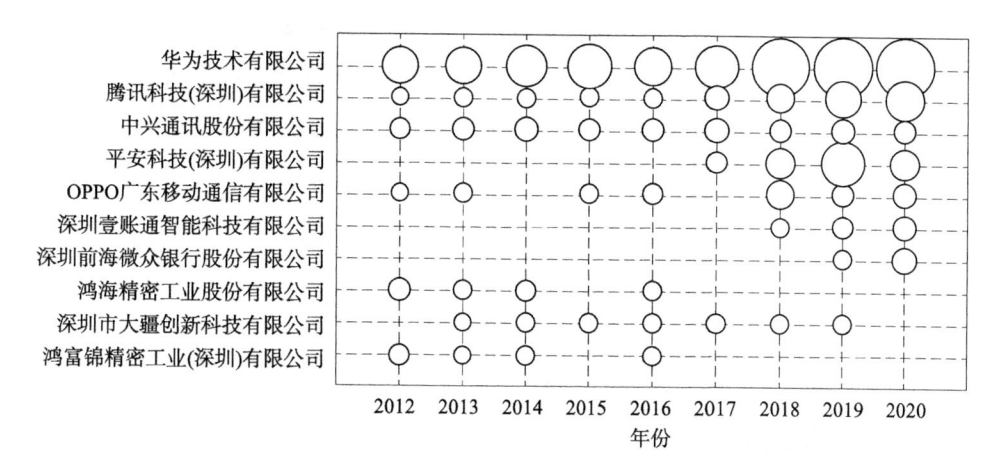

图 3-33　广东省人工智能产业海外专利主要申请人申请趋势

注：图中圆圈大小表示申请量多少。

（4）主要申请人地域分布。

由图 3-34 可知，华为技术有限公司主要在世界知识产权组织和欧洲专利局申请专利，分别申请了 1476 件、539 件，说明该公司海外布局意识较强，也侧面说明了其专利质量较高。腾讯科技（深圳）有限公司、中兴通讯股份有限公司也主要是在世界知识产权组织和欧洲专利局申请专利。平安科技（深圳）有限公司、OPPO 广东移动通信有限公司在世界知识产权组织的申请量相较其他区域明显较多，说明其同样比较注重海外布局。而深圳壹账通智能科技有限公司绝大多数的申请量都是在世界知识产权组织，这说明其对于海外专利布局也十分重视。除此之外，鸿海精密工业股份有限公司、鸿富锦精密工业（深圳）有限公司的申请仅局限于美国和日本。

（5）领域地图。

领域地图显示了人工智能领域内主要公司的专利关键词，有助于了解该技术领域内主要公司相关的技术概念，借此区分不同公司的技术焦点。由图 3-35 和表 3-13 可以看出华为技术有限公司在各个领域都有涉及，特别是在人工智能、电子设备、终端设备、网络设备等领域占据重要地位。腾讯科技（深圳）有限公司则是主要在计算机、电子设备、计算机设备领域发展较多，但没有涉及机器人领域。腾讯科技（深圳）有限公司是中国主要的互联网综合服务提供商之一，也是中国服务用户最多的互联网企业之一，因此涉及计算机领域较多。平安科技（深圳）有限公司则是在人工智能、计算机、计算机设备领域占比较大，该公司近年来一直都在发展人工智能，致力于"云技术"的发展。表3-14显示大部分公司对各个领域都有涉及，只是有的公司在该领域技术不够突出，导致申请量也不多。如中兴通讯股份有限公司，每个领域其实都有涉及，但并没有发展很好的技术领域。

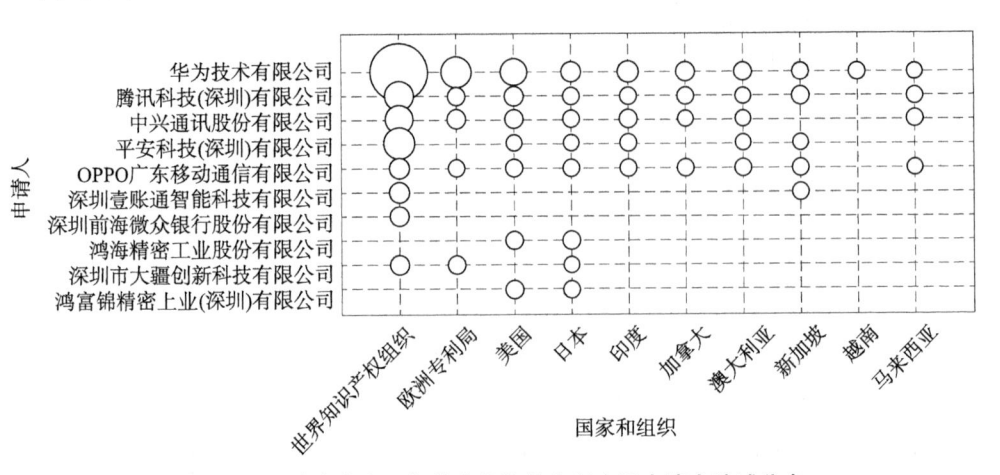

图 3-34　广东省人工智能产业海外专利主要申请人地域分布

注：图中圆圈大小表示申请量多少。

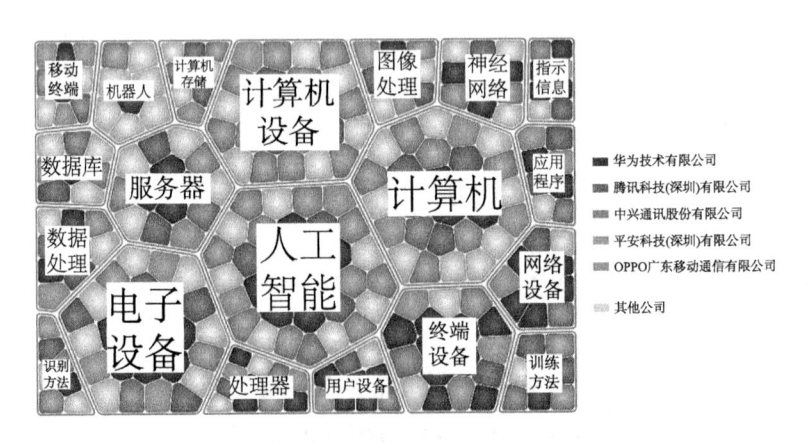

图 3-35　广东省人工智能产业海外专利领域地图

表3-13 广东省人工智能产业海外专利关键词分析1　　单位：件

申请人	人工智能	计算机	电子设备	计算机设备	终端设备	服务器	神经网络	处理器	机器人	网络设备
华为技术有限公司	153	50	143	12	165	56	63	62	11	100
腾讯科技（深圳）有限公司	46	75	75	92	8	51	13	4	0	6
中兴通讯股份有限公司	1	23	2	0	1	3	0	3	0	2
平安科技（深圳）有限公司	187	111	36	192	23	22	25	4	9	0
OPPO广东移动通信有限公司	23	46	55	1	24	2	0	31	0	10
其他公司	126	157	116	98	26	66	46	38	107	4

表3-14 广东省人工智能产业海外专利关键词分析2　　单位：件

申请人	数据处理	图像处理	用户设备	移动终端	应用程序	识别方法	计算机存储	训练方法	数据库	指示信息
华为技术有限公司	44	34	81	20	30	9	7	22	8	69
腾讯科技（深圳）有限公司	14	27	6	0	26	15	22	29	2	5
中兴通讯股份有限公司	1	0	18	7	1	0	12	2	3	2
平安科技（深圳）有限公司	16	7	0	1	0	36	4	20	18	0
OPPO广东移动通信有限公司	8	20	3	53	38	2	4	0	1	1
其他公司	35	27	2	28	10	30	39	12	52	2

（三）生命健康产业

1. 行业简介

根据《国民经济行业分类》《广东省发展生物医药与健康战略性支柱产业

集群行动计划（2021—2025年）》《关于促进生物医药创新发展的若干政策措施》（粤科社字〔2020〕86号）的相关内容，生命健康产业主要涉及预防、诊断、治疗、康复环节，涵盖医院、医疗服务机构、医药器械、医疗保险、投资机构、IT与互联网、人工智能、医疗大数据等众多行业，共同形成生命健康产业生态圈，其中重要领域包括生物药、化学药、现代中药、高端医疗器械、医疗服务、健康养老等。生命健康产业类型呈现出多样化，大多数服务依然是面向医疗以及生物方面。随着新冠肺炎疫情的爆发，生命健康产业有了新的发展机遇。

健康是促进人类发展的必然需求，是人类毕生所要追求的福祉。生命健康产业关乎民生幸福和社会和谐，可以提高人们对于生活的幸福感。生命健康产业的良性循环发展，可以为改善和提高人们的身心健康水平提供全面的解决方案。当前，随着国民经济水平的提高，全民健康需求迅速增长，生命科学、生物技术、信息技术取得重大突破，商业模式创新和产业融合不断加速，新产品、新应用、新业态层出不穷。生命健康产业将成为推动经济社会又好又快发展的新动力。

面对突然爆发的新冠肺炎疫情，整个人类社会显得有些力不从心，但是这也进一步凸显了生物医药与健康产业在保障人民生命健康中的重要价值。习近平总书记高度重视生物医药与健康产业发展，多次作出重要指示，这就要求广东省在生命健康产业明确发展目标，坚持以人民为中心，不断巩固发展广东省的生命健康产业。总之，该行业不仅在社会需求的前景上是广阔的，而且对于整个人类社会所作出的贡献也是不可估量的。

2. 专利概况

（1）专利申请趋势。

在已经获得广东省企业全部海外申请专利的情况下，利用国民经济行业分类挑选出的专利数据分析这些专利的申请数量以及授权率可以得出图3-36。

图 3-36 广东省生命健康产业海外专利年申请、授权及授权率趋势

由图 3-36 可见，2012—2019 年专利申请量在逐年增加，从 2012 年的 295 件，增加到 2019 年的 712 件，说明广东省在该时期生命健康领域专利申请比较活跃，也突出了广东省对于生命健康产业所表现出的重视程度与政策的大力支持。2016 年 10 月 25 日，中共中央、国务院印发了《"健康中国 2030" 规划纲要》。2017 年 9 月，广东省编制了《"健康广东 2030" 规划》，其为国家大健康核心纲领政策的响应。从 2016 年到 2020 年 7 月底，广东省人民政府累计颁发大健康产业相关政策共 16 条，处在全国前列。而 2020 年的专利申请量相比 2019 年有了大幅度下降，从 2019 年的 712 件下降至 282 件，这也和 2020 年突如其来的新冠肺炎疫情有关。由于疫情的爆发，全国的专利申请整体活跃度较之以往呈下降趋势，这也使得广东省在生命健康产业的专利申请量大幅度下降。不过通过分析可以得出，在新冠肺炎疫情之后，整个社会对于生命健康的关注度迅速提高，预期将来在生命健康领域的专利申请量逐年增加。

相比专利申请量，专利授权数就显得较低。2012—2015 年的专利授权数虽在小幅度增长，但专利授权数连续五年不断降低，从 251 件减少到 23 件，专利授权率也从最初 2012 年的 43.73% 下降到 2020 年的 8.16%，这从侧面也表明广东省总体的专利授权率不高，这也要求其今后要注重提高生命健康领域的专利质量。

（2）法律状态。

通过分析广东省在生命健康领域专利有效、失效、审查中等状态的占比分析，可以帮助衡量该技术领域的专利活跃程度。通常情况下，在审中状态的专利占比越大，反映该企业近期创新活力越高。具体数据如图3-37所示。

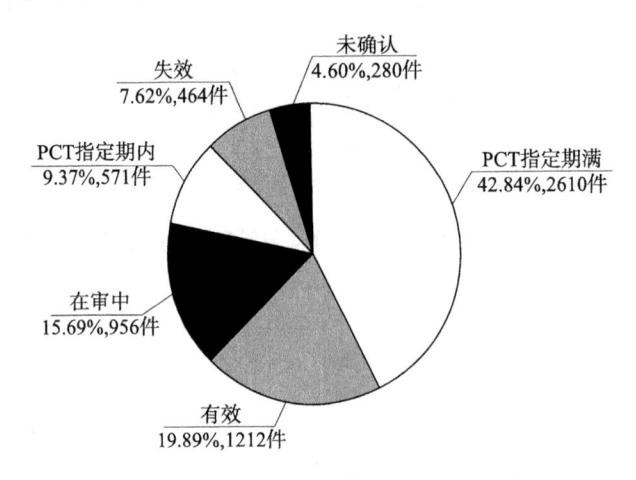

图3-37 广东省生命健康产业海外专利状态占比

根据图3-37可知，广东省生命健康产业海外专利法律状态主要分为：PCT指定期满、有效、在审中、PCT指定期内、失效以及未确认。其中有效专利1212件，占19.89%。在1000件以下的专利状态有：在审中、PCT指定期内、失效以及未确认。其中未确认的专利数量最少，只有280件，占4.60%。具体来说，PCT申请是指给予申请人自申请日（优先权日）起30个月（也有31个月等其他期限的）优先权期限，在此期间均可基于PCT申请指定进入某些国家，开始正式的申请阶段。如果期限届满仍未向EPO提交正式国家阶段的申请，那么此时的优先权期限到期，即PCT指定期满。从图3-39可以得知，PCT指定期满所占的比例依旧过大，广东省要不断提高PCT申请阶段的申请数量。同时，失效的专利数量为464件，占比为7.62%，失效的占比较大，这说明专利质量需继续提高。另外，未确认也有部分占比，对于未确认专利申请的确认效率也要提高。

(3) 技术生命周期。

利用专利申请量与专利申请人数量随时间推移的变化来帮助分析当前技术领域生命周期所处阶段。通过评估生命健康技术领域发展的阶段,用来判断是否需要进入当前技术领域(见图3-38)。

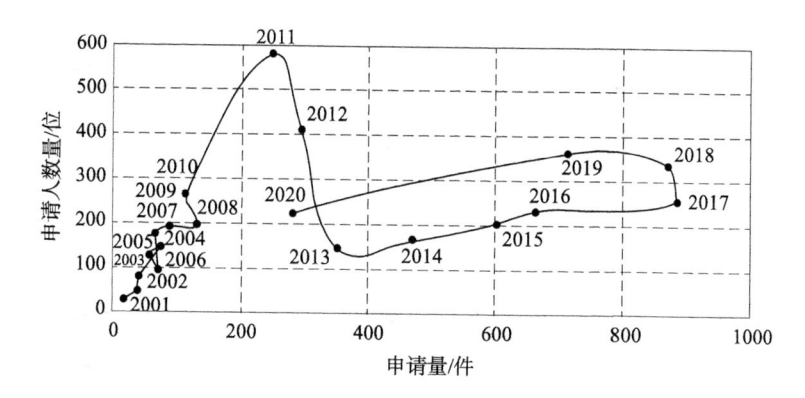

图3-38 广东省生命健康产业海外专利技术生命周期

根据图3-38可知,2001—2008年,申请量在逐年缓慢增长,从最初2001年的21件增长到了2008年的90件,增长了将近4倍,可以看出生命健康产业在这一段时期内技术生命周期不断延长。2008—2019年,分析其技术生命周期可知,2017年到达了峰值,申请量总共为712件,而2020年重新降到了与2012年相差无几的数值,这也说明了新冠肺炎疫情对于广东省专利申请量的冲击比较大,对于生命健康技术周期的发展来产生一定的阻碍作用。预计新冠肺炎疫情之后,整个社会对于生命健康的关注度会迅速提高,生命健康领域的专利申请量会逐年增加,使整个技术生命周期得到延长。另外,通过分析申请人数量可以得知,申请人数量达到最多的是在2011年,共计584位;最少的则是在2001年,共计31位。

3. 地域分布

(1) 目标市场排名。

专利申请量在一定程度上反映了申请人对目标市场的受关注程度,分析生命健康技术的布局情况可以帮助企业进行专利布局时,评估哪些是需要主要关注的市场,以及哪些市场未被布局,是否可能成为潜在的机会点。广东省生命健康产业海外专利目标市场分布情况如表 3-15 所示。

表 3-15 广东省生命健康产业海外专利技术目标市场

国家和地区	专利申请量/件	占比/%
世界知识产权组织	3193	52.4
美国	745	12.13
欧洲专利局	592	9.72
澳大利亚	336	5.51
日本	268	4.40
加拿大	253	4.15
印度	95	1.56
新加坡	93	1.53
韩国	91	1.49
捷克	75	1.23
其他	352	5.78

根据表 3-15 可知，生命健康产业目标市场排名前十的分别为：世界知识产权组织、美国、欧洲专利局、澳大利亚、日本、加拿大、印度、新加坡、韩国以及捷克。其中，世界知识产权组织占比超过了一半，达到了 52.40%，美国占比 12.13%，欧洲专利局占比 9.72%，澳大利亚占比 5.51%，日本占比 4.40%，加拿大占比 4.15%，印度、新加坡、韩国以及捷克均未超过 2%。同时可以看出，主要目标市场集中在美国、日本、韩国、世界知识产权组织和欧洲专利局；广东省的企业在这些国家和组织进行了较多的专利申请，目标市场也以这些国家和地区为主。另外，欧洲和加拿大是企业对外出口的重要市场，企业若想与这些国家和地区保持长期贸易合作关系，必须进行相应的专利布局加以保障。

(2) 目标市场趋势分析。

分析主要目标市场的申请趋势可以帮助了解在该技术领域随时间变化的地域布局情况。广东省生命健康产业海外专利目标市场趋势情况如表 3-16 所示。

表3-16 广东省生命健康产业海外专利目标市场趋势　　单位：件

目标市场	2012年	2013年	2014年	2015年	2016年	2017年	2018年	2019年	2020年
世界知识产权组织	134	167	192	229	341	496	522	457	216
美国	33	45	72	89	81	108	107	56	23
欧洲专利局	30	28	63	72	72	98	77	51	2
澳大利亚	14	11	19	31	23	37	51	61	24
日本	14	13	25	39	34	45	43	7	5
加拿大	10	13	23	27	23	28	34	47	0
印度	7	7	4	15	12	17	5	5	9
新加坡	7	7	9	11	9	9	8	15	0
韩国	7	7	11	19	16	11	6	6	0
捷克	6	8	9	13	10	8	1	0	0

广东省生命健康产业海外专利目标市场排名前十的分别为：世界知识产权组织、美国、欧洲专利局、澳大利亚、日本、加拿大、印度、新加坡、韩国以及捷克。在2002—2017年上述国家的专利数量多呈现出上升趋势。2018年，世界知识产权组织的专利数量达到峰值，共计522件，但是在2020年下降到216件。根据排名前十的目标市场来看，目标市场的经济发展水平比较高，对于生命健康的关注度较不发达国家普遍较高。澳大利亚、日本、加拿大、印度、新加坡、韩国以及捷克的专利数量虽然较排名前三的世界知识产权组织、美国以及欧洲专利局少，但是随着时间的推移，其在生命健康领域的发展前景仍然是巨大的。

4. 技术主题分析

（1）技术构成分析。

分析生命健康技术领域主要技术分支的占比情况可以帮助了解各技术分支的创新热度，以及当前技术布局的空白点。广东省生命健康产业海外专利技术构成分析如图3-39所示。

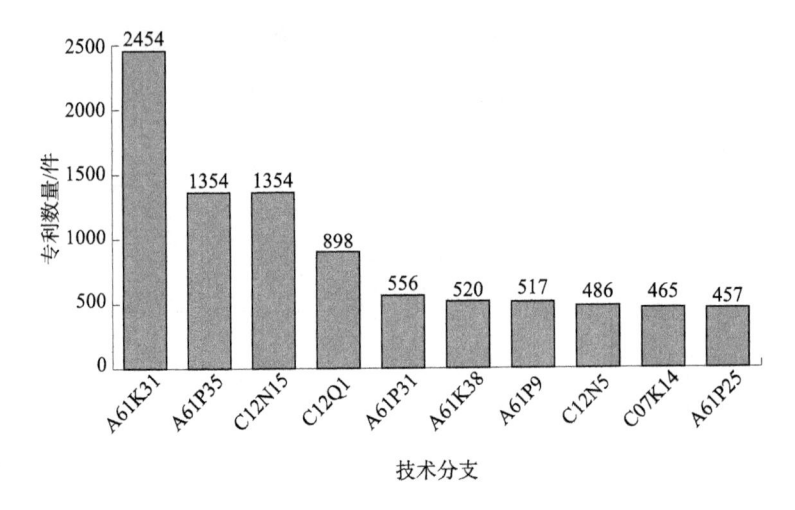

图 3-39 广东省生命健康产业海外专利技术构成分析

根据图 3-39 可知，广东省海外专利在生命健康技术构成上主要分为 C12、A61、C07 三个大类，其中 C12 涉及生物化学、突变或遗传工程；A61 涉及医学或兽医学，卫生学；C07 涉及有机化学。而 C12 又分为 3 个大组，分别是 C12N15、C12Q1、C12N5，其专利数量分别为 1354 件、898 件、486 件，占比分别为 14.94%、9.91%、5.36%；A61 分为 6 个大组，分别为 A61K31、A61P35、A61P31、A61K38、A61P9、A61P25，其专利数量分别为 2454 件、1354 件、556 件、520 件、517 件、457 件，占比分别为 27.08%、14.94%、6.14%、5.74%、5.71%、5.04%；C07 为 1 个大组，即 C07K14，其专利数量为 465 件，占比为 5.13%。其中 A61K31 占比最多，达到了 2454 件，占比最少的为 A61P25，总共 457 件。

（2）技术分支申请趋势。

分析生命健康产业主要技术分支的年申请趋势。具体如图 3-40 所示。

根据图 3-40 可知，广东省海外专利在生命健康技术构成上主要分为 C12、A61 以及 C07 三个大类，其中 C12 涉及生物化学、突变或遗传工程；A61 涉及医学或兽医学，卫生学；C07 涉及有机化学。而 C12 又分为三个大组，分别是 C12N15、C12Q1、C12N5。2012—2018 年，其专利数量基本持续增长，2019—2020 年逐年降低。A61 分为五个大组，分别为 A61K31、

A61P35、A61K38、A61P31、A61P9，前两个大组 2012—2018 年专利数量逐年持续增长，三个大组 2019—2020 年专利申请量逐年降低。C07 分为两个大组，分别为 C07K14、C07D401，其中，C07K14 分类 2012—2016 年逐年增加，到 2017 年呈下降趋势，2018 年又上升，到 2020 年又下降，可以看出此分类号的专利申请量的趋势呈波动状态。C07D401 与 C07K14 的趋势大体相同。

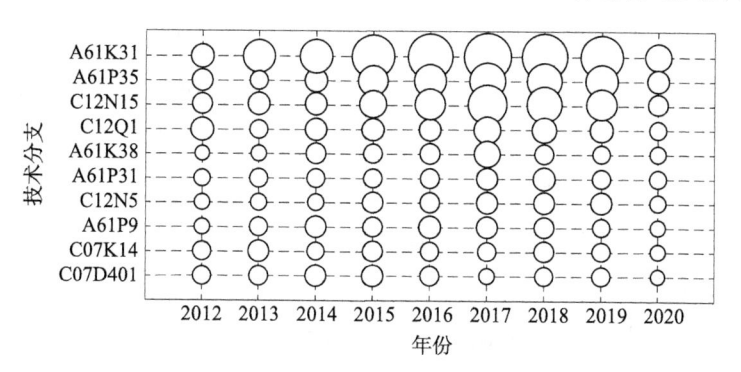

图 3-40　广东省生命健康产业海外专利技术分支年申请趋势

注：图中圆圈大小表示申请量多少。

（3）重要技术分支市场分布。

分析各技术分支在主要市场的分布情况，可以了解这项技术可在哪些市场被商业化。广东省生命健康产业海外专利重要技术分支市场分布如图 3-41 所示。

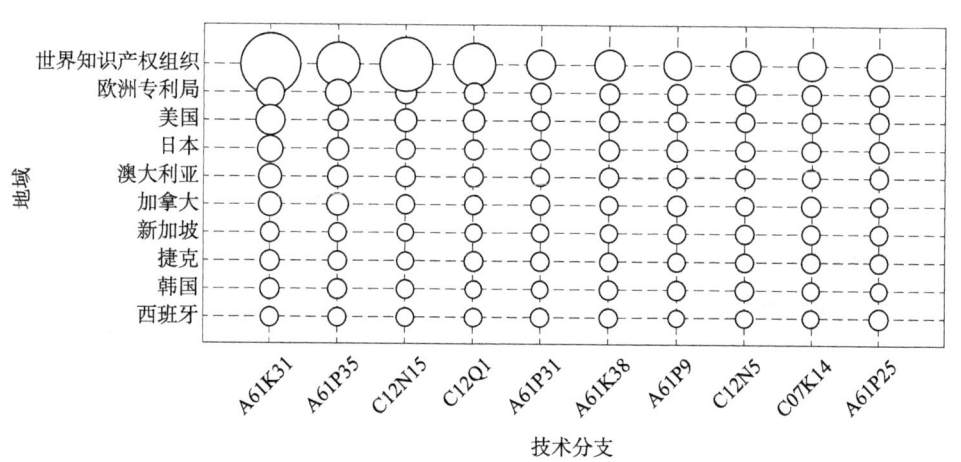

图 3-41　广东省生命健康产业海外专利重要技术分支市场分布

注：图中圆圈大小表示申请量多少。

根据图 3-41 可知，广东省海外专利在生命健康产业的重要技术分支为 C12、A61 以及 C07 三个大类。其中 C12 涉及生物化学、突变或遗传工程；A61 涉及医学或兽医学，卫生学；C07 涉及有机化学。具体技术分支为 A61K31、A61P35、C12N15、C12Q1、A61P31、A61K38、A61P9、C12N5、C07K14、A61P25。

经过分析，广东省生命健康产业的重要技术分支市场排名前十的是：世界知识产权组织、欧洲专利局、美国、日本、澳大利亚、加拿大、新加坡、捷克、韩国以及西班牙。其中，世界知识产权组织在 A61K31 技术分支分布最多，为 1026 件，说明全球范围内对于含有机有效成分的医药配制品的关注度比较高；同时，生命健康产业申请人在世界知识产权组织以及欧洲专利局的申请较多，因为这两个组织涉及的国家广泛，当然目标市场也更广阔。

（4）重要技术分支主要申请人分布。

分析生命健康产业各技术分支主要申请人的分布情况，可以更好地寻找在不同技术领域的潜在合作伙伴。广东省生命健康产业海外专利重要技术分支主要申请人如图 3-42 所示。

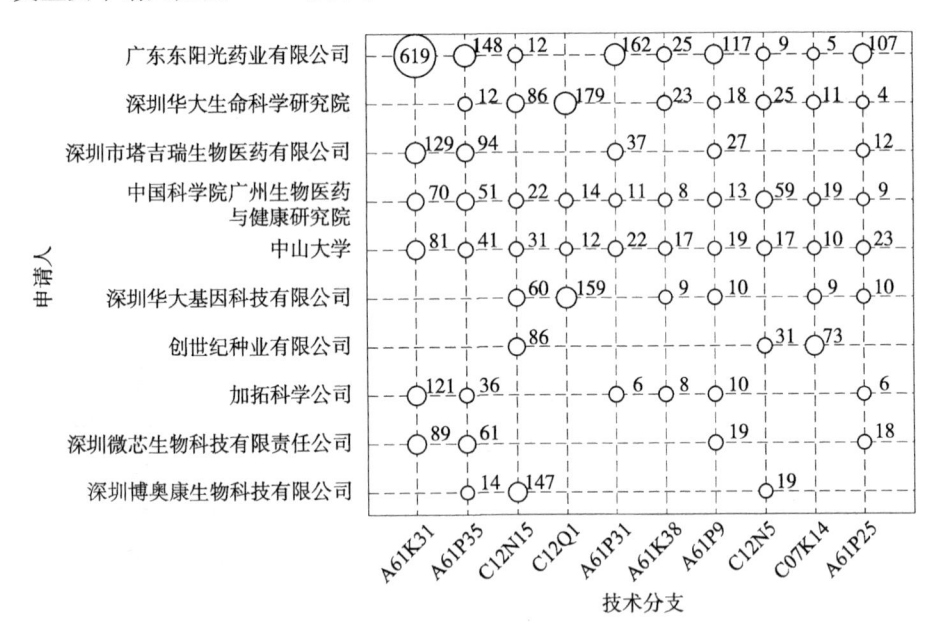

图 3-42 广东省生命健康产业海外专利重要技术分支主要申请人

注：图中数字代表申请量，单位为件。

根据图 3-42 可知，广东省生命健康产业海外专利排名前十的主要申请人为：广东东阳光药业有限公司、深圳华大生命科学研究院、深圳市塔吉瑞生物医药有限公司、中国科学院广州生物医药与健康研究院、中山大学、深圳华大基因科技有限公司、创世纪种业有限公司、加拓科学公司、深圳微芯生物科技有限公司以及深圳博奥康生物科技有限公司。其中，大多数公司涉及生物医药、基因科技、医药与健康方面，这也符合生命健康产业的发展趋势。中山大学是前十申请人唯一的一所大学。中山大学作为广东省重点高校，其知识产权学院成立于 2015 年，以培养知识产权方向的高级专门人才和提高知识产权的研究水平为共同目的，在 2018 年公布的高校专利申请量上，中山大学以 4089 件的绝对优势占据榜首，超过清华大学，在所有高校排名中居第一位，这也反映出中山大学作为广东省重点大学在知识产权领域的积极性以及强大的实力。通过图 3-42 还可以看出，广东东阳光药业有限公司在 A61K31 技术分支分布最多，为 619 件，而在 C12Q1 上没有分布。

5. 申请人分析

（1）新进入者分析。

生命健康技术领域的新进入者表明了在该领域的新型竞争。与此同时，这些新进入者可以被视为潜在的收购或合作目标。广东省生命健康产业海外专利新进入者分析如表 3-16 所示。

表 3-16　广东省生命健康产业海外专利新进入者　　单位：件

申请人	2017 年	2018 年	2019 年	2020 年
东莞市东阳光农药研发有限公司	0	4	9	5
东莞市朋志生物科技有限公司	0	0	13	0
深圳市伯劳特生物制品有限公司	1	12	0	0
深圳海王医药科技研究院有限公司	7	2	3	0
广州华真医药科技有限公司	6	5	0	1
广州燃石医学检验所有限公司	0	3	7	1
深圳市塔吉瑞生物医药有限公司	0	10	0	0
珠海泰诺麦博生物技术有限公司	0	8	0	0

由表 3-16 可知，和之前排名前十的主要申请人相比，在生命健康领域的新进入者有：东莞市东阳光农药研发有限公司、东莞市朋志生物科技有限公司、深圳市伯劳特生物制品有限公司、深圳海王医药科技研究院有限公司、广州华真医药科技有限公司、广州燃石医学检验所有限公司、深圳市塔吉瑞生物医药有限公司、珠海泰诺麦博生物技术有限公司。东莞市朋志生物科技有限公司在 2019 年申请了 13 件专利，其余年份没有申请。此外，深圳市塔吉瑞生物医药有限公司在 2018 年申请了 10 件专利，其余年份也没有申请。

（2）主要申请人技术分布。

分析主要申请人的技术分布情况，可以了解该技术领域内的主要申请人分别专注于哪些技术分支。广东省生命健康产业海外专利主要申请人技术分布如表 3-17 所示。

表 3-17 生命健康产业广东省海外专利主要申请人技术分布　　单位：件

申请人	A61K31	C12N15	A61P35	C12Q1	C07D401	A61P31	C07D403	A61P9	C07D471	A61P1
广东东阳光药业有限公司	619	0	148	0	203	162	152	117	153	137
深圳华大生命科学研究院	0	86	12	179	0	0	0	18	0	4
深圳华大基因科技有限公司	0	60	10	159	0	0	0	10	0	6
中山大学	81	31	41	12	0	22	0	19	0	13
中国科学院广州生物医药与健康研究院	70	22	50	14	27	11	22	13	16	6
加拓科学公司	121	0	36	0	65	6	29	10	26	11
深圳市塔吉瑞生物医药有限公司	129	0	94	0	20	37	30	27	16	12
深圳市博奥康生物科技有限公司	11	147	14	0	0	0	0	0	0	0
深圳翰宇药业股份有限公司	12	0	0	0	0	0	0	4	0	0
深圳微芯生物科技股份有限公司	60	0	43	0	13	2	7	0	0	10

根据表 3-17 可知，广东东阳光药业有限公司在 A61K31 技术分支最多，达到了 619 件，说明该公司更加专注于有机成分的医药品，而其在 C12N15 和 C12Q1 技术分支无申请，说明该公司对于这两个领域关注度不高。深圳华大生命科学研究院和深圳华大基因科技有限公司在 C12Q1 技术分支最多，分别达到了 179 件和 159 件，说明这两家公司在该技术领域关注度比较高。中国科学院广州生物医药与健康研究院在各个技术分支都有所涉及，发展比较均衡。加拓科学公司、深圳市塔吉瑞生物医药有限公司也在 A61K31 技术分支最多，分别达到了 121 件、129 件，深圳市博奥康生物科技有限公司集中在 A61K31、C12N15 以及 A61P35 领域；中山大学在 A61K、A61P 两个小类均有一定数量的专利积累，而深圳翰宇药业股份有限公司则仅在这两个小类有专利涉及。

（3）主要申请人申请趋势。

分析主要申请人的申请趋势可以帮助了解申请人在该技术领域的申请趋势变化，具体如图 3-43 所示。

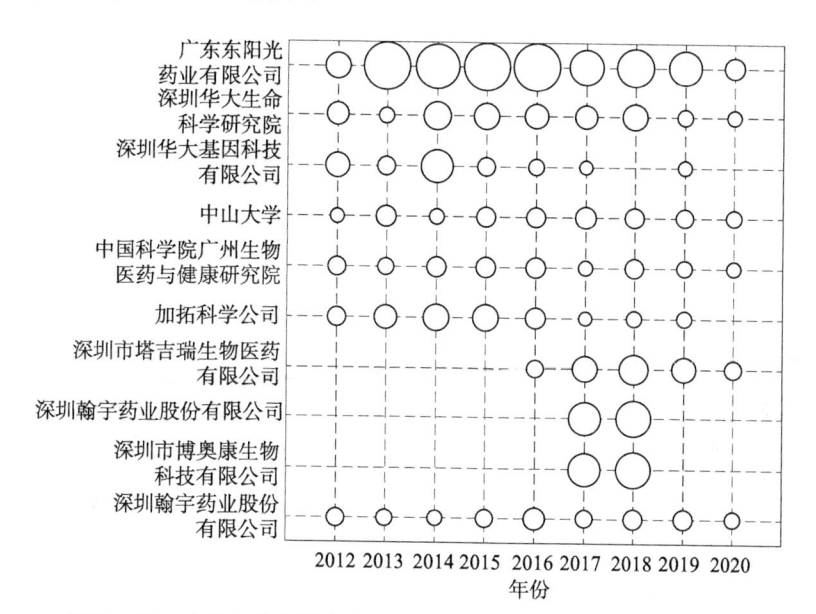

图 3-43 广东省生命健康产业海外专利主要申请人年度申请趋势

注：图中圆圈大小表示申请量多少。

根据图 3-43 可知，广东东阳光药业有限公司海外专利申请量由 2012 年的 38 件增长到了 2016 年的 109 件，2016—2020 年有所下降，2020 年仅为 25 件。深圳华大生命科学研究院海外专利申请量在 2013 年仅有 6 件，2014 年达到峰值 46 件，说明这两年的波动较大。深圳华大基因科技有限公司海外专利申请量在 2014 年达到峰值 58 件。中山大学、中国科学院广州生物医药与健康研究院、深圳翰宇药业股份有限公司 2012—2020 年均有申请。深圳市塔吉瑞生物医药有限公司在 2016 年才开始海外申请，专利数量为 17 件。深圳市博奥康生物科技有限公司 2012—2016 年海外专利申请均为 0 件，2017 年和 2018 年分别为 68 件和 79 件，2019 年降至 0 件。

（4）主要申请人地域分布。

分析主要申请人的地域布局情况，可以了解该领域主要申请人重视的地域分布。广东省生命健康产业海外专利主要申请人地域分布如表 3-18 所示。

表 3-18 广东省生命健康产业海外专利主要申请人地域分布　　　　单位：件

申请人	世界知识产权组织	美国	欧洲专利局	日本	澳大利亚	加拿大	韩国	印度	西班牙	俄罗斯
广东东阳光药业有限公司	225	103	86	55	33	46	32	27	18	20
深圳华大生命科学研究院	198	22	32	0	2	2	0	0	0	0
深圳华大基因科技有限公司	159	21	13	1	2	0	0	1	0	0
中山大学	107	22	15	3	13	2	2	1	1	0
中国科学院广州生物医药与健康研究院	68	20	22	11	6	6	1	0	6	0
加拓科学公司	35	30	23	9	5	5	6	6	1	6
深圳市塔吉瑞生物医药有限公司	82	22	29	14	0	0	0	0	0	0
深圳微芯生物科技股份有限公司	26	8	9	2	8	8	1	3	1	0

续表

申请人	世界知识产权组织	美国	欧洲专利局	日本	澳大利亚	加拿大	韩国	印度	西班牙	俄罗斯
深圳市博奥康生物科技有限公司	147	0	0	0	0	0	0	0	0	0
深圳翰宇药业股份有限公司	87	14	16	3	0	0	0	1	4	0

主要申请人专利申请主要为世界知识产权组织、美国、欧洲专利局、日本、澳大利亚、加拿大、韩国、印度、西班牙以及俄罗斯。通过分析发现，主要申请人在世界知识产权组织、欧洲专利局以及美国的分布比较多，因为世界知识产权组织和欧洲专利局所辐射的国家范围较广；美国作为医疗水平发达的国家，对于生命健康的关注度也比较高。美国生物产业研发实力领先全球，生物药已被广泛应用于癌症、糖尿病及其他慢性疾病治疗，生物医药产业年销售额占全球药品市场销售额的50%左右。依托以基础研发为主导的产学研互动模式，以及丰富的风投资源与成熟的资本市场运作机制，美国生物医药领域创新型初创企业不断涌现，为美国生物医药行业的发展注入强大活力。但同时也可以发现，深圳市博奥康生物科技有限公司仅在世界知识产权组织布局，在其他地域并没有进行布局；深圳市塔吉瑞生物医药有限公司在澳大利亚、加拿大、韩国、印度、西班牙以及俄罗斯都没有进行布局。

（5）领域地图。

领域地图显示了该技术领域内主要申请人的专利关键词，有助于了解该技术领域内主要申请人相关的技术概念，借此区分不同申请人的技术焦点。具体如表3-19和表3-20所示。图3-44给出了不同申请人的专利覆盖率。

表3-19 广东省生命健康产业海外专利领域关键词聚类分析1 单位：件

申请人	化合物	组合物	衍生物	抑制剂	特异性	试剂盒	立体异构体	氨基酸	互变异构体	水合物
广东东阳光药业有限公司	471	393	244	131	3	0	111	0	148	43

续表

申请人	化合物	组合物	衍生物	抑制剂	特异性	试剂盒	立体异构体	氨基酸	互变异构体	水合物
深圳华大生命科学研究院	2	18	3	0	7	17	0	23	0	0
深圳华大基因科技有限公司	0	1	0	0	0	5	0	15	0	0
中山大学	22	24	7	12	11	7	0	6	0	0
中国科学院广州生物医药与健康研究院	54	35	3	13	4	1	18	0	0	0
其他公司	921	775	319	302	229	224	125	178	58	81

表3-20 广东省生命健康产业海外专利领域关键词聚类分析2　　单位：件

申请人	中间体	二氢嘧啶	构建方法	检测方法	单克隆抗体	酪氨酸激酶	受试者	稳定性	基因组	核苷酸序列
广东东阳光药业有限公司	39	103	0	0	1	44	0	13	0	0
深圳华大生命科学研究院	0	0	9	6	0	0	11	1	7	0
深圳华大基因科技有限公司	0	0	2	2	0	0	0	0	3	0
中山大学	0	0	0	0	0	0	8	0	0	0
中国科学院广州生物医药与健康研究院	0	0	1	0	0	0	2	1	3	0
其他公司	78	9	86	93	99	52	72	78	78	87

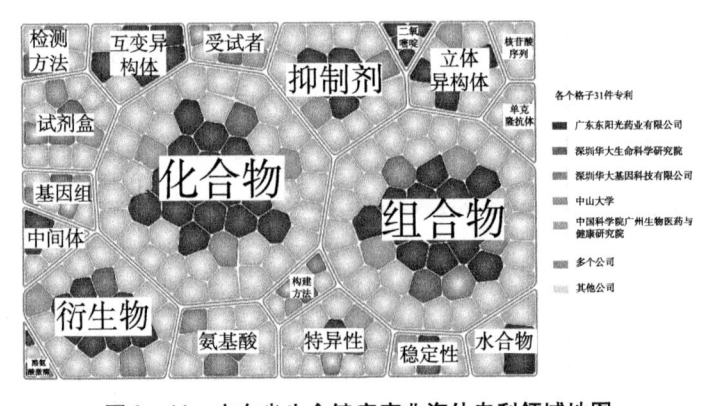

图3-44 广东省生命健康产业海外专利领域地图

根据表 3-19 和表 3-20 可知，生命健康技术领域内主要申请人的关键词为化合物、组合物、衍生物、抑制剂、特异性、试剂盒、立体异构体、氨基酸、互变异构体、水合物、中间体、二氢嘧啶、构建方法、检测方法、单克隆抗体、酪氨酸激酶、受试者、稳定性、基因组、核苷酸序列。其中化合物和组合物数量最多，分布最广。广东东阳光药业有限公司化合物与组合物专利覆盖最多，分别为 471 件和 393 件，而该公司试剂盒以及氨基酸的专利覆盖为 0 件，表明这两项技术不是该公司所关注的技术焦点。深圳华大生命科学研究院的技术焦点在组合物、试剂盒、氨基酸，抑制剂、立体异构体、互变异构体、水合物等不是其关注的技术焦点。深圳华大基因科技有限公司的技术焦点在氨基酸。中山大学的技术焦点在于化合物、组合物、衍生物、抑制剂、特异性、试剂盒、氨基酸。中国科学院广州生物医药与健康研究院的技术焦点在化合物、组合物、抑制剂、受试者、立体异构体。

四、结　语

作为《广东涉外知识产权年度报告（2020）》的一部分，本报告以广东省近二十年以来海外专利数据为研究样本，侧重从时间分布、目标市场分布、技术构成、申请人和新进入者等方面进行分析，呈现出近二十年广东省企业海外专利布局的总体态势；同时，根据党中央、国务院关于统筹推进疫情防控和经济社会发展的决策部署，结合《广东省人民政府关于培育发展战略性支柱产业集群和战略性新兴产业集群的意见》（粤府函〔2020〕82 号），半导体与集成电路产业、人工智能产业、生命健康产业作为本次报告分析的重点产业。

从总体情况分析来看，2020 年广东省企业海外专利布局平稳增长，无论是专利申请量、授权量均没有出现减少的迹象，这说明疫情期间，专利的投入和产出并没有受到影响。广东省企业海外专利布局力度大，重视程度高，优势企业和示范企业位居我国前列。值得注意的是，广东省企业海外布局的专利中，PCT 专利超过 50%，这表明专利组合正在从量变转化为质变。海外布局的专利中，美国、欧洲依然是主要的目标市场，英国、日本、印度等国的专利数量也在快速增长。海外布局的专利依然以电学、电路、通信领域为主，其中数字交换网络、本地资源管理、电子电路和系统、无线通信的专利数量超过70%。值得注意的是，移动通信有限公司光学领域的专利数量也在快速增长。华为技术有限公司、中兴通讯股份有限公司、OPPO广东移动通信有限公司、TCL华星光电技术有限公司、腾讯科技（深圳）有限公司、维沃移动通信有限公司、惠科股份有限公司等依然是专利布局的主要领军企业。其中华为技术有限公司的海外专利数量超过了其他前十申请人的总和。本报告还重点分析了新进入者的情况，新进入者是指仅在过去五年内才提交专利申请的申请人。其中，平安科技（深圳）有限公司在近五年开始大量向海外布局专利。此外，总部位于深圳的壹账通智能科技有限公司、瑞声声学科技（深圳）有限公司、传音通讯有限公司、欢太科技有限公司、盛路物联通讯技术有限公司等也在近五年有突出表现。

从分析的重点产业布局来看，可以明显发现，广东省企业的布局力度也在加强；但在各自基础科学和关键核心技术的细分领域，三个重点产业的申请人专利布局态势依然处于成长期。

就半导体和集成电路产业而言，2017—2020年，广东省的企业在新加坡、加拿大和南非等国家的专利申请开始逐年递增，而日本、东盟国家和美国是广东省企业主要海外目标市场。广东省企业技术类型主要集中于数据交换、本地管理和输入输出等非核心领域，在半导体材料、设计、加工等细分领域的专利数量依然较少，且缺乏领导企业。其中，TCL华星光电技术有限公司和惠科股份有限公司在薄膜晶体管液晶显示器件领域布局一定数量的专利，挑战与风险并存。

在广东省政府的政策激励下，人工智能产业确实取得了一定成效，主要申请人依然是通讯和移动终端科技企业，腾讯科技（深圳）有限公司和平安科技（深圳）有限公司也占据了一定的比例。技术类型主要集中在神经网络、机器人、网络设备、数据处理、图像处理、智能识别方法、智能学习和机器训练方法、数据库、指示信息等细分领域。其中，平安科技（深圳）有限公司发展速度较快，可能是因为2019年平安智慧城市正式发布国内首个支持精准语义理解的医学智库——AskBob，工业和信息化部网络安全产业发展中心和该公司在北京签署战略合作协议等。而华为技术有限公司在本地资源管理领域申请的专利最多，其次是检测或防止收到信息中的差错的装置、无线电传输系统、数据交换网络，专利多与智能设备有关。值得注意的是，人工智能领域也有不少新进入者开始崭露头角，深圳前海微众银行股份有限公司、广州酷狗计算机科技有限公司、深圳鲲云信息科技有限公司、腾讯音乐娱乐科技深圳有限公司、深圳云天励飞技术有限公司、广东康云科技有限公司、珠海市博杰电子有限公司也在海外布局了数量可观的专利，呈现多应用领域多点开花的格局。

生命健康产业是疫情期间最受关注的产业，广东省企业主要涉及预防、诊断、治疗、康复四个环节，涵盖医院、医疗服务机构、医药器械、医疗保险、投资机构、IT与互联网、人工智能、医疗大数据等众多行业，共同形成生命健康产业生态圈。其中，与疫情相关的诊断、治疗、疫苗技术是最受关注的。广东东阳光药业有限公司、深圳华大生命科学研究院、深圳华大基因科技有限公司、中山大学、中国科学院广州生物医药与健康研究院是海外专利布局的主要参与者。从可以检索到的数据来看，生命健康产业的海外专利布局速度在2020年似乎受到了影响，产出的数量不及预期。深圳华大生命科学研究院和深圳华大基因科技有限公司的专利主要集中于试剂盒，中山大学的技术焦点在于化合物、组合物、衍生物、抑制剂、特异性、试剂盒、氨基酸、受试者，其他申请人的布局仍在化合物、抑制剂、中间体等，在检测方法、单克隆抗体等领域的专利数量依然较少，与疫苗相关的基因工程的专利数量没有出现太多的增长。

后 记

本报告是《广东涉外知识产权年度报告》系列丛书的第四本。本报告重点对 2020 年广东省涉外知识产权的司法保护、行政保护以及海外专利布局等情况进行了总结和研究。

本报告撰写分工如下：

第 1 章：赵盛和；第 2 章：李晓宇；第 3 章、前言、后记：王太平、常廷彬。

本报告撰写过程中得到了广东外语外贸大学校领导、广东省市场监督管理局（知识产权局）领导、广东省知识产权保护中心领导等的大力支持。在此，对各位领导的关心、指导以及各位作者、编辑等的辛勤付出表示衷心的感谢！